Keji yu Anquan

Diwujie "Jidongche Jiashi Peixun yu Daolu Jiaotong Anquan Guoji Luntan" Chengguo Huibian

科技与安全

第五届"机动车驾驶培训与道路交通安全国际论坛"成果汇编

北京京安驾驶人安全与素养研究院　编

人民交通出版社股份有限公司

北　京

内 容 提 要

本书是以“科技与安全”为主题的第五届“机动车驾驶培训与道路交通安全国际论坛”成果汇编，包括直击国际论坛、领导致辞实录、嘉宾精彩演讲、沙龙论坛及分论坛实录、科技创新展五部分内容，全面、真实地再现了论坛盛况。

本书适合从事道路交通安全和机动车驾驶培训行业的管理者、相关协会工作者和驾驶培训经营者等参考阅读。

图书在版编目（CIP）数据

科技与安全：第五届“机动车驾驶培训与道路交通安全国际论坛”成果汇编 / 北京京安驾驶人安全与素养研究院编 .—北京：人民交通出版社股份有限公司，2021.10

ISBN 978-7-114-17614-2

Ⅰ . ①科… Ⅱ . ①北… Ⅲ . ①汽车驾驶员—技术培训—国际学术会议—文集②道路交通安全法—国际学术会议—文集 Ⅳ . ① U471.3-53 ② D912.296-53

中国版本图书馆 CIP 数据核字 (2021) 第 186238 号

Keji yu Anquan

书　　名：科技与安全——第五届“机动车驾驶培训与道路交通安全国际论坛”成果汇编
著 作 者：北京京安驾驶人安全与素养研究院
责任编辑：刘泽宇
责任校对：席少楠
责任印制：张　凯
出版发行：人民交通出版社股份有限公司
地　　址：(100011) 北京市朝阳区安定门外外馆斜街 3 号
网　　址：http://www.ccpcl.com.cn
销售电话：(010)65290014
总 经 销：人民交通出版社股份有限公司
经　　销：各地新华书店
印　　刷：北京印匠彩色印刷有限公司
开　　本：787 × 980　1/16
印　　张：11
字　　数：169 千
版　　次：2021 年 10 月　第 1 版
印　　次：2021 年 10 月　第 1 次印刷
书　　号：ISBN 978-7-114-17614-2
定　　价：48 .00 元

编 写 组

闫文辉　李　洁　刘　硕　黄景宇

刘建莹　赵　旭　刘泽宇　李　峰

弓　芳　郑先伟

特别鸣谢

人民交通出版社股份有限公司

东方时尚驾驶学校股份有限公司

前　言

驾驶培训行业是道路交通安全“第一道关口”，其发展水平对全社会交通秩序的平安和谐、交通文明水平起着至关重要的作用，也事关千千万万家庭的平安幸福。

近年来，虚拟现实、人工智能、5G、自动驾驶等技术逐步在驾驶培训行业落地，推动了行业的数字化、智能化发展，为行业转型升级提供了新思路、新方法和新路径。同时，行业管理部门、驾培机构经营者、研究机构也在不断研究和探索新技术为行业带来的变化和影响。

以习近平同志为核心的党中央高度重视科技创新工作，党的十九届五中全会从全局和战略的高度提出了深入实施创新驱动发展战略，为加快建设科技强国作出了战略部署。在此背景下，在前四届“机动车驾驶培训与道路交通安全国际论坛”的基础上，邀请来自德国、法国的院士以及日本、荷兰和行业专家共同举办了第五届“机动车驾驶培训与道路交通安全国际论坛”。

本次论坛以“科技与安全”为主题。国内外行业主管部门、驾培机构、研究机构及高校围绕数字化、智能化培训模式，从行业监管、企业经营管理、科学研究等角度探讨新技术带来的变化及未来发展趋势，希望通过此次论坛，进一步树立行业价值观，提升驾培行业科技创新能力，把握新发展阶段、贯彻新发展理念、构建新发展格局，推动新时代驾驶培训高质量发展，利用技术的力量提升教学水平，将安全文明理念贯穿驾驶培训全过程，为最终预防和减少道路交通事故，缓解道路拥堵，加快建设交通强国、平安中国作出贡献。

编　者

2021年8月

目　录

第一章

直击国际论坛

第一节　论坛举办背景

截至2020年，我国汽车驾驶人已达4.18亿人，近五年年均新增驾驶人近2500余万人，每年驾驶培训市场规模逾千亿元。驾驶培训行业是道路交通安全“第一道关口”，其发展水平对全社会交通秩序的平安和谐、交通文明水平起着至关重要的作用，也事关千千万万家庭的平安幸福。

近年来，虚拟现实、人工智能、5G、自动驾驶等技术逐步在驾驶培训行业落地，推动了行业的数字化、智能化发展，为行业转型升级提供了新思路、新方法和新路径。同时，行业管理部门、驾培机构经营者、研究机构也在不断研究和探索新技术为行业带来的变化和影响。以习近平同志为核心的党中央高度重视科技创新工作，党的十九届五中全会从全局和战略的高度提出了深入实施创新驱动发展战略，为加快建设科技强国作出了战略部署。

在此背景下，召开的第五届“机动车驾驶培训与道路交通安全国际论坛”，以“科技与安全”为主题，邀请国内外行业主管部门、驾培机构、研究机构及高校围绕数字化、智能化培训模式，从行业监管、企业经营管理、科学研究等角度探讨新技术带来的变化及未来发展趋势。论坛组委会希望通过此次论坛，进一步树立行业价值观，提升驾培行业科技创新能力，把握新发展阶段、贯彻新发展理念、构建新发展格局，推动新时代驾驶培训高质量发展，利用技术的力量提升教学水平，将安全文明理念贯穿驾驶培训全过程，为最终预防和减少道路交通事故，缓解道路拥堵，加快建设交通强国、平安中国作出贡献。

第二节　论坛筹备与组织

此次国际论坛的主题为“科技与安全”，希望通过政府、协会、企业和业界专家、学者的交流，探讨以科技赋能引领驾培行业在新发展阶段的转型升级。根据我国疫情防控要求，本届国际论坛邀请来自德国、法国的院士以及日本、荷兰的行业专家采取线上视频交流的方式参加，以期推动和提升我国机动车驾驶培训行业的科技化应用水平。

本届国际论坛在筹备与组织过程中，得到了交通运输部运输服务司、公安部交通管理局的大力支持和指导。中国道路运输协会、中国道路交通安全协会作为主办单位，中国道路运输协会机动车驾驶培训分会、北京京安驾驶人安全与素养研究院作为承办单位，与公安部道路交通安全研究中心、交通运输部公路科学研究院、人民交通出版社股份有限公司、《中国道路运输》杂志社、新华社中国广告联合有限责任公司以及全国各省、自治区、直辖市机动车驾驶培训协会（道路运输协会）通力合作，对国际论坛的各个环节进行了精心的组织和安排。国际论坛得到了业界的高度赞誉，取得了丰硕成果。

第三节　论坛盛况

一、论坛概况

第五届国际论坛主视觉

时间：2021 年 6 月 16 日至 17 日。

地点：湖北武汉。

主题：科技与安全。

指导单位：交通运输部运输服务司、公安部交通管理局。

主办单位：中国道路运输协会、中国道路交通安全协会。

支持单位：公安部道路交通安全研究中心、交通运输部公路科学研究院、人民交通出版社股份有限公司、《中国道路运输》杂志社。

承办单位：中国道路运输协会机动车驾驶培训分会、北京京安驾驶人安全与素养研究院。

协办单位：北京市机动车驾驶人培训行业协会、河北省机动车驾驶员培训行业协会、山西省道路交通安全协会、内蒙古机动车驾驶员培训行业协会、辽宁省道路运输协会、上海市机动车驾驶员培训行业协会、江苏省机动车驾驶人培训行业协会、浙江省机动车驾驶人培训行业协会、安徽省机动车驾驶培训行业协会、江西省机动车驾驶员培训行业协会、湖北省道路交通安全协会、湖北省运输与物流协会、湖南省机动车驾驶员培训协会、广州市机动车驾驶培训行业协会、陕西省机动车驾驶员培训协会、新疆维吾尔自治区道路运输协会。

赞助单位：易显智能科技有限责任公司、北京千种幻影科技有限公司。

参会嘉宾：公安部交通管理局、交通运输部运输服务司、中国道路运输协会、中国道路交通安全协会、中国科学院科技创新发展中心、人民交通出版传媒管理有限公司有关领导，德国、法国、日本、荷兰等国家的机动车驾驶培训行业研究人员及机构负责人，我国部分省、自治区、直辖市驾培行业管理与研究机构、驾驶培训行业专家、行业协会人员及重点驾驶培训机构负责人。

国际论坛现场

二、大会盛况

2021 年 6 月 16 日至 17 日，第五届“机动车驾驶培训与道路交通安全国际论坛”在湖北武汉举行，论坛主题为“科技与安全”。来自国内外行业主管部门、驾培机构、研究机构及高校专家共话驾培行业智慧发展，参会人数达300余人。公安部交通管理局和交通运输部运输服务司领导出席论坛并致辞。

“机动车驾驶培训与道路交通安全国际论坛”已经连续举办四届，首届论坛以“责任与安全”为主题，第二届论坛以“质量与安全”为主题，第三届论坛以“诚信与安全”为主题，第四届论坛以“职业与安全”为主题，共邀请了德国、法国、美国、日本等10余个国家和地区的驾驶人培训机构、行业管理部门参加，论坛内容充实而精彩，在全行业引起了广泛的反响。

今年“第五届机动车驾驶培训与道路交通安全国际论坛”以“科技与安全”为主题，围绕科技在驾驶培训行业的应用展开了交流研讨，邀请了法国、德国、荷兰、日本等国家的专家学者线上参与，国内各省、自治区、直辖市的行业专家现场莅临。

国际论坛与会嘉宾向因道路交通事故罹难者默哀

公安部交通
管理局副局长
刘宇鹏

交通运输部
运输服务司二级
巡视员　孟秋

中国道路运输
协会会长　王丽梅

中国道路交通
安全协会秘书长
苑雷

人民交通出版传媒管理有限公司党委书记、董事长　朱伽林

中国科学院科技创新发展中心副主任　吴建国

公安部交通管理局车辆和驾驶人管理处副处长王国强

中国道路运输协会秘书长张光合

公安部道路交通安全研究中心副研究员
巩建国

中国科学院自动化研究所研究员　张兆翔

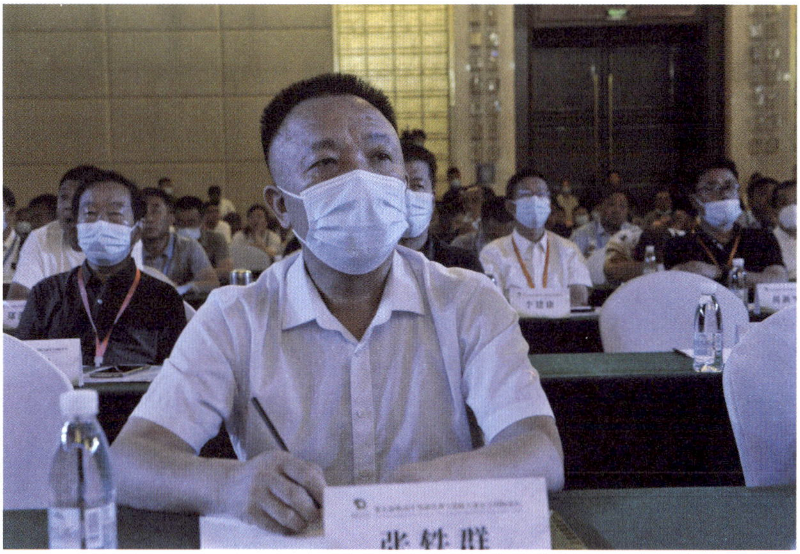

湖北省公安交通管理局车管处处长张铁群

湖北省交通运输厅保障处处长廖光明

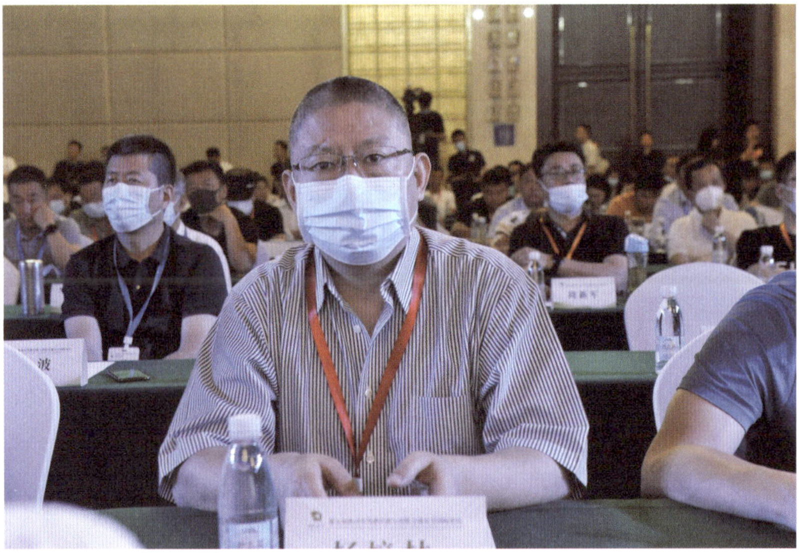

湖北省道路
运输事业发展中心
副主任　杨培林

湖北省道路
运输事业发展
中心综合运输处
副处长　雷兴

安徽省道路运输管理服务中心车辆处处长范守敏

内蒙古自治区交通运输管理局机务科科长　吕雅丽

武汉市交通局
副处长　李罗明

湖北省黄冈市
运管局副局长
喻绿化

湖北省黄冈市运管局驾培科科长刘斌凡

中国道路运输协会、中国道路交通安全协会副会长闫文辉

长安大学教授
王生昌

中国科学院科技创新发展中心科技创新办公室高级主管
蒙俊

《中国道路运输》杂志社副社长　刘云军

中国道路交通安全协会会员联络部主任　张兵

人民交通出版社股份有限公司安驾中心主任　李洁

中国道路运输协会机动车驾驶培训分会副理事长，浙江省机动车驾驶人培训行业协会会长　李超

中国道路运输协会机动车驾驶培训分会副理事长，江西省机动车驾驶员培训行业协会会长 王文清

中国道路运输协会机动车驾驶培训分会副理事长，河北省机动车驾驶员培训行业协会常务副会长 马宏

中国道路运输协会机动车驾驶培训分会副理事长，内蒙古机动车驾驶员培训行业协会会长刘禹辉

中国道路运输协会机动车驾驶培训分会副理事长，湖南省机动车驾驶员培训协会会长胡莹

中国道路运输协会机动车驾驶培训分会副理事长，陕西省机动车驾驶员培训协会会长　刘晓春

中国道路运输协会机动车驾驶培训分会副理事长　李秀萍

中国道路运输协会机动车驾驶培训分会专家组组长，河北省机动车驾驶员培训行业协会会长　王传伦

中国道路运输协会机动车驾驶培训分会专家组成员，安徽省机动车驾驶培训行业协会会长　汪修军

中国道路运输协会机动车驾驶培训分会专家组成员，山西省道路交通安全协会会长张建国

辽宁省道路运输协会会长　隋波

陕西省道路交通安全协会主席　刘欢

江苏省机动车驾驶人培训行业协会秘书长杜蒙仙携会员单位代表

与会领导合影

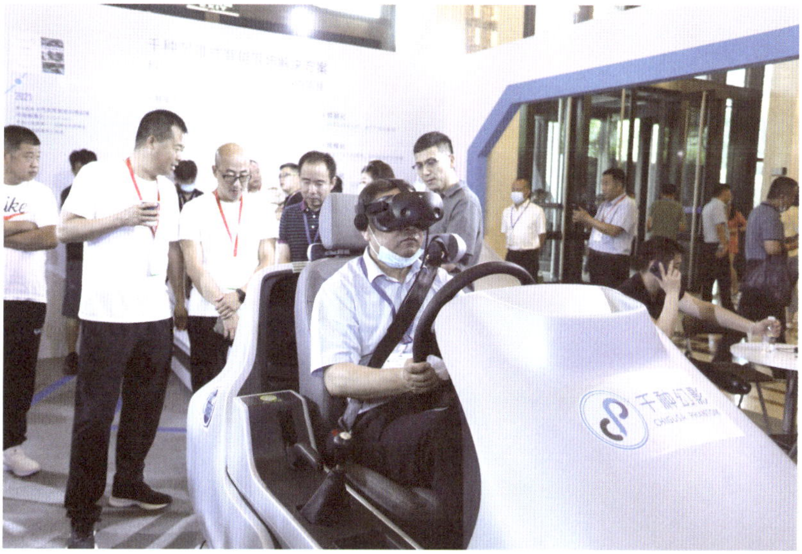

与会嘉宾
体验 VR 模拟器

与会嘉宾体验机器人教练车

本届国际论坛组委会执行主席闫文辉接受采访

第二章

领导致辞实录

第一节　积极拥抱科技新时代，助力驾培行业转型发展

孟　秋

交通运输部运输服务司二级巡视员

尊敬的各位来宾，女士们，先生们：

大家上午好！

很高兴能来到武汉参加第五届“机动车驾驶培训与道路交通安全国际论坛”。“九省通衢”的武汉是一座山灵水秀的国家文化名城，是国内国际双循环新发展格局的重要枢纽，是一座打赢了艰苦卓绝抗疫保卫战的英雄之城，本届国际论坛选在武汉，让我们感受到了重启和复苏后活力四射的武汉魅力。2016 年至 2019 年，组委会分别以“责任与安全”“质量与安全”“诚信与安全”“职业与安全”为主题，连续举办了四届国际论坛，打造形成了驾培行业具有一定影响力的国际交流沟通平台。本次论坛邀请到中外驾培行业专家、朋友云端线下相聚一堂，聚焦“科技与安全”主题，共谋驾培行业发展新理念新格局，对于推动驾培行业高质量发展、提升道路交通安全水平，具有积极的意义。在此，我谨代表交通运输部运输服务司对论坛召开表示热烈祝贺！对出席论坛的朋友们致以诚挚的欢迎！对为本次论坛组织付出辛勤努力的各个单位、各位同仁表示衷心的感谢！

科学技术是第一生产力，党的十九大以来，党中央坚持把科技创新摆在国家发展全局的核心位置，全面谋划科技创新工作。科技与各行各业的融合无论在广度、深度、速度、精度上都呈现加速跃升趋势，是推动行业转型升级的重要抓手。对于驾培这个直接面向人民群众实际需求的传统服务性行业来讲，也正在积极拥抱科技新时代，科技助力行业转型发展的同时，也对行业治理能力带来新的挑战。如何把握新发展阶段、贯彻新发展理念、构建新发展格局，需要行业上下进行深入思考。借此机会，和大家分享几点体会：

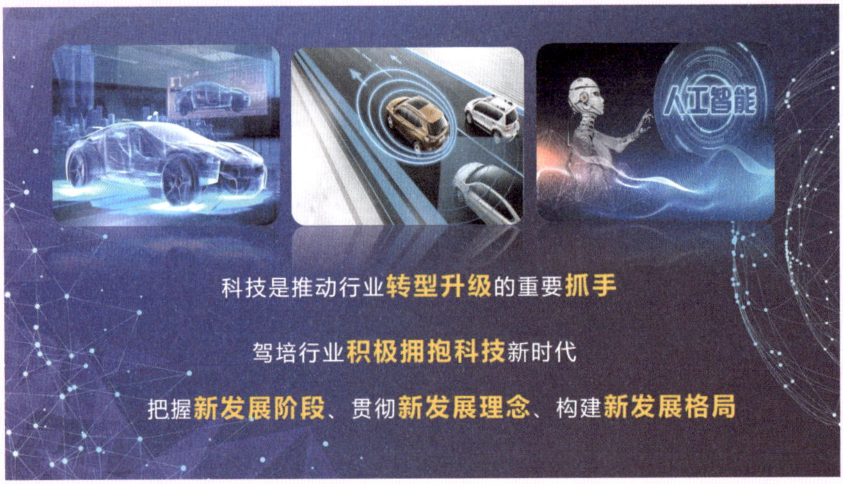

一、始终保持清醒头脑，科学认识我国驾培行业发展现状

“十三五”期间，全国驾培行业在市场规模、培训质量、便民利民等方面取得了明显成效，较好满足了人民群众的学驾需求。以 2019 年数据来看，全国共有驾驶培训机构 1.97 万家，比“十二五”末期增长 31%；教练员人数 92 万人，增长 13%；年驾驶培训量 2705 万人次，增长 3%；教学车辆 79.7 万辆，增长 17%。总体来看，机动车驾驶培训行业较好满足了社会公众学驾需求，培训质量不断提升，服务品质不断增强，学员满意度不断提高。

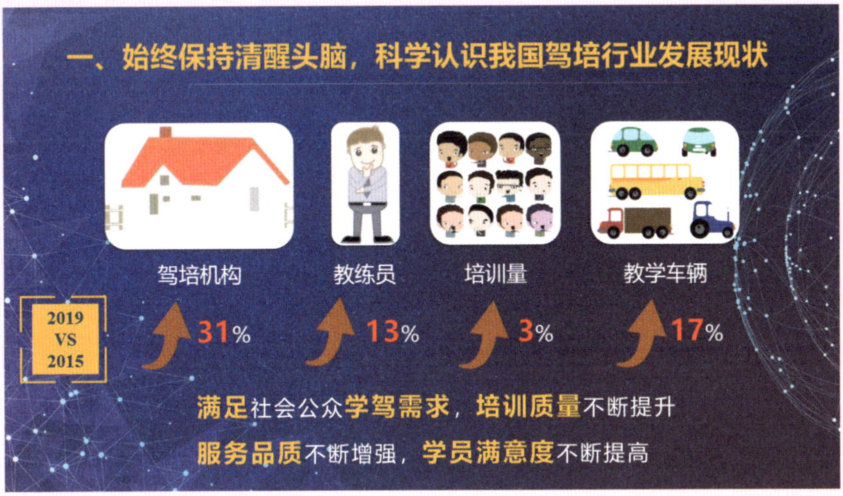

2020 年驾培行业受新冠肺炎疫情影响较大，全国年培训量同比下降 9.3%，企业面临较大经营压力，但从各地的情况来看，全行业上下齐心，积极支持疫情防控，克服新冠肺炎疫情影响。尽管驾培行业招生数量受到疫情影响，但我们要相信消费市场依然存在，只是消费需求释放放缓，加上疫情改变了很多人的交通出行方式和理念，所以我们更应该要坚定信心、提升自我、埋首蓄力、静待花开。

同时，我们也要清醒认识到，我国驾培行业正处于改革创新、转型升级的关键时期，在快速发展的同时还存在重应试教育和操作技能、轻职业操守和文明素质，重规模扩张和经济考量、轻诚信建设和文化培育的突出问题，部分

地区培训能力过剩、竞争激烈、部分驾培机构培训质量有待提高、新技术新业态对行业带来挑战等矛盾日益凸显，推进驾培行业向高质量发展转型需求迫切。

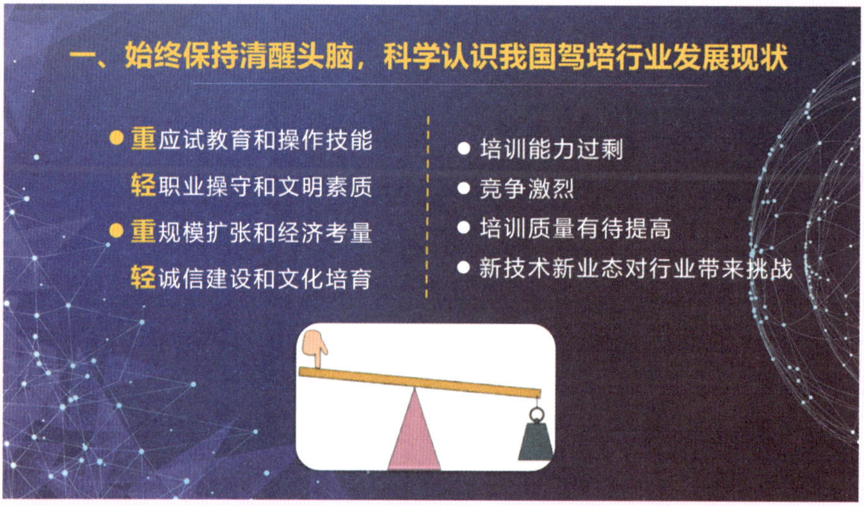

二、精准研判形势变化，牢牢把握驾培行业科技化发展新要求

随着学车适龄人口的显著降低、绿色出行理念的深度普及和自动驾驶等科技创新对行业带来的颠覆性变化。如何适应行业新形势新变化，近年来，通过信息化、智能化等方式助力驾培行业在教学方式、服务模式、监管手段、经营理念等方面进行了探索创新，初步实现了学车更简单，学驾更安全，指导更有效，学员更满意。

教学方式上，更加注重融合教学。交通运输部倡导课堂教学与远程网络教学相结合，发布了《机动车驾驶培训网络远程理论教学技术规范》，进一步规范驾培网络远程理论教学相关要求。各地积极推广远程网络教学等方式，部分驾培机构试点应用以增强现实（AR）、虚拟现实（VR）技术为基础的体验教学和以人工智能技术为基础的智能辅助教学设备，提升了驾驶培训质量。

服务模式上，更加注重人性化服务。从 2016 年起，交通运输部连续推行“计时培训、按学时收费、先培训后付费”驾培服务新模式，稳步推行学员分科目、跨驾培机构参加培训。驾培机构主动求变，充分运用科技信息手段创新教学服务模式，改变招生模式，优化学车流程，推动学员档案、教练员档案、培训记录等电子化，让学员自主预约培训时段、自主选择教练员、自主选择缴费方式，为学员提供高品质、差异性服务，提升了学员学车体验和驾驶培训管理水平。

监管手段上，更加注重信息互通共享。交通运输部组织修订了《机动车驾驶员计时培训系统平台技术规范》和《机动车驾驶员计时培训系统计时终端技术规范》，进一步规范计时培训系统建设技术要求。驾培机构正逐步普及计时培训系统，各地交通运输主管部门正加快推进驾驶培训监管服务平台建设与应用，努力打破数据壁垒，推动各平台、系统之间联网对接和信息共享，实现监管效能最大化、监管成本最优化、对市场主体干扰最小化。

三、始终坚持守正创新，积极推动新时代驾驶培训行业高质量发展

机动车驾驶培训行业如何更好满足社会公众差异性、个性化的精准学驾需求，提供更可持续、更高质量的驾驶培训服务供给，是“十四五”时期我们必须面对和

破解的时代答卷。总书记经常讲：“危和机总是同生并存的，克服了危即是机”“要坚持用全面、辩证、长远的眼光分析当前经济形势，努力在危机中育新机、于变局中开新局”。在危机中育新机、于变局中开新局，对于驾培行业来讲就要始终坚持守正创新，坚守“培训安全文明高素质的合格驾驶员”的初心，坚守“筑牢道路交通安全的第一道防线”的使命。

一是既要勇于面对时代发展的“小舍得”，也要积极拥抱良性竞争的“大智慧”。目前，我部正按照国务院关于“放管服”改革的决策部署，积极推进机动车驾驶培训由许可管理向备案管理改革的相关工作。对此，希望行业管理部门、驾培机构、从业人员都要客观理性看待。“放管服”改革既要发挥市场配置资源的决定性作用，强化驾培机构的市场主体地位，更要强化事中事后监管，切实推动驾培行业转型升级，为人民群众提供更加便利、规范的驾驶培训服务。短期来看，“放管服”改革的“鲶鱼效应”会加剧日益激烈的市场竞争，管理部门和驾培机构都会有各种不适、可能面对各种取舍。长远来看，如何适应转变，激发市场主体活力，提供更高品质驾培服务，更考验着管理部门和驾培机构的智慧。对于行业管理部门来说，该放的要坚定不移的放下去，该管的要理直气壮的管起来，该服的要精准精细的服到位，三者缺一不可。对于驾培机构来说，要抓住这个关键时期，清醒认识虽然“时代发展不同、培训要求不同、学员观念不同”，但仍要坚持“培训宗旨不变、服务意识不变、诚信理念不变”，不折不扣地将驾驶培训教学大纲、安全文明驾驶理念落实到位，只有这样才能将行业和学员的“堵点”和“痛点”打造为企业发展的“亮点”和“闪光点”。

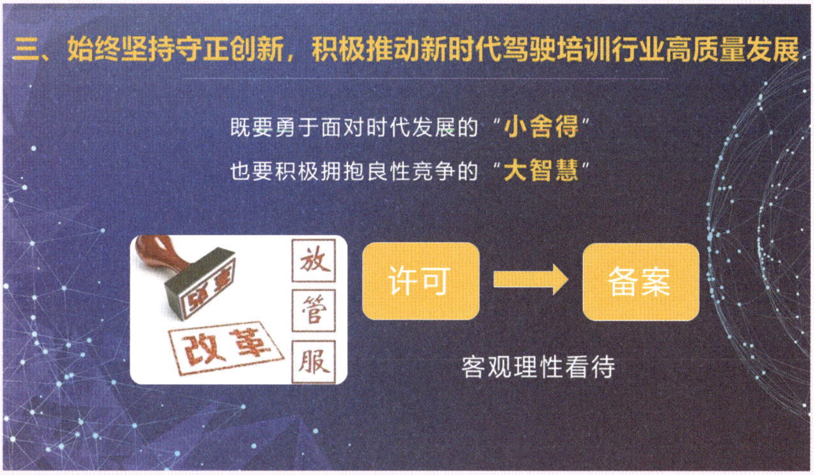

二是要做行业科技创新的“催化剂”，不做行业无序内卷的“助燃剂”。近年来，网络远程理论教学、人工智能、虚拟现实等先进技术的迅猛发展，深刻改变着驾驶培训行业发展格局，但也对行业安全发展和规范管理带来新的问题。我们常把驾校比作学校、将驾驶培训比作教书育人，如何将传统教学、驾驶培训变成春风化雨、润物无声，必须坚持传统培训与科技创新相结合，坚持守正创新、双向互济、融合发展。我们一直强调要坚持“驾驶培训＋互联网”而不是“互联网＋驾驶培训”，坚持“驾驶培训＋人工智能”而不是“人工智能＋驾驶培训”，科技创新的星辰大海、未来的无限可能，要争取成为推动行业“创新发展、良性竞争”的“催化剂”，避免成为影响行业“无序发展、恶性竞争”的“助燃剂”。科技创新要始终坚持需求导向、问题导向，既要重视培训质量、服务体验的提升，切实维护广大学员的合法权益，也要避免“野蛮生长、无序竞争”的问题，营造更为公平、更可持续的市场环境。

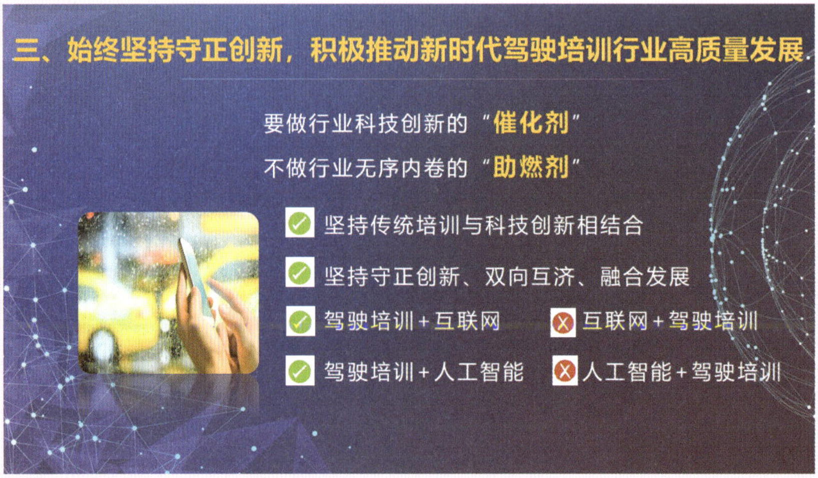

三是要做行业高质量发展的“助推器”，不做行业安全稳定的“搅局者”。机动车驾驶培训是服务行业，服务是行业的本质属性。无论是新技术应用创新、新管理模式变革，必须把为广大学员提供更高质量的驾驶培训服务，满足学员差异性、个性化的精准学驾需求作为根本目的。我部始终积极支持驾培机构以需求为导向，以科技创新为动力，充分挖掘市场潜力，不断增加优质服务供给，积极推动行业高质量发展。但我们也清醒的认识到在新技术、新模式的推进过程中，也存在诸如“跑马机”“猪兼强”等打着技术创新的旗号、顶着互联网的噱头、批着人工智能的马甲，实则弄虚作假、扰乱市场，严重侵犯学员合法权益，我们将会同有关部门坚决打击。行业安全稳定发展是一切工作的基础，是不可逾越的红线底线。在此，也再次强调，要始终坚持“鼓励创新、趋利避害、规范发展、包容审慎”的原则，积极鼓励和规范驾培行业科技创新，新技术、新模式必须依法合规，特别是符合《网络安全法》《数据安全法》《计算机信息系统安全保护条例》等相关要求。新技术、新模式推广应用既不能扬汤止沸，也不能火上浇油，必须强化红线意识、坚持底线思维，切实维护行业安全稳定健康发展。

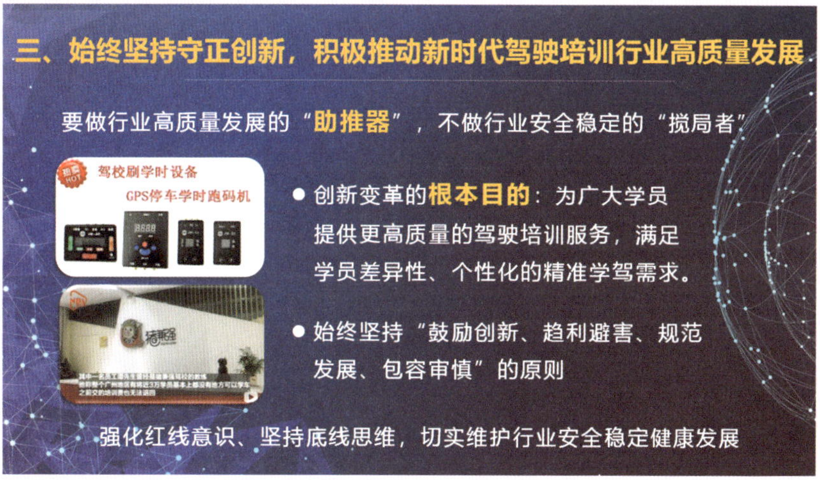

最后，感谢各位嘉宾和代表长期以来对机动车驾驶培训行业的关心和支持。希望我们携手共同推动驾培行业发展新跨越，凝心聚力、开创未来。

预祝论坛取得圆满成功！祝各位嘉宾和代表工作顺利，生活愉快，身体健康！谢谢大家！

第二节　戮力同心　共担责任
为“平安中国”建设做出更大贡献

刘宇鹏
公安部交通管理局副局长

各位嘉宾，女士们、先生们：

大家上午好！首先，我代表公安部交通管理局对第五届“机动车驾驶培训与道路交通安全国际论坛”隆重召开表示热烈的祝贺，对参会的国内外驾培行业的专家、贵宾的到来表示热烈欢迎！

随着经济社会持续快速发展，中国快速进入了汽车社会，目前机动车已达 3.82 亿辆，其中汽车 2.9 亿辆，驾驶人已达 4.67 亿人，每年新登记汽车、新增驾驶人数量均超过 2000 万，机动车和驾驶人总量均居世界第一。驾驶人培训考试和教育管理与道路交通安全息息相通，与民生福祉、社会发展休戚相关。

为适应新形势新要求，我们以制度创新为牵引，修订完善《机动车驾驶证申领和使用规定》等法规标准，优化调整考试内容方法，全面推进网上自主约考、考试智能评判、全过程智慧监管，驾驶准入更加严格规范；我们以深化改革为契机，推出驾驶证全国通考、异地分科目考试、驾驶证电子化等系列服务群众、服务发展新措施，持续推进简政放权、减证便民，群众获得感明显提升；我们以文明交通为导向，会同交通部门开展交通安全公益宣讲进农村、进企业，文明交通进驾校“五个一”活动，推进综合治理、协同共治，交通安全现代化治理能力显著提高。

借此机会，请允许我向长期以来为推进落实驾驶培训考试制度改革、提升我国驾驶人安全文明素质做出努力和贡献的驾培工作者致以诚挚的感谢。

自2016年始，论坛已成功举办四届，对驾培行业发展起到了重要的、积极的促进作用。今年，论坛主题依然紧紧聚焦“安全”这一核心要求，突出“科技”这一赋能力量，有延续、更有创新，契合了智能网联时代的新形势、现代化治理的新要求。论坛邀请了许多国内外专家、学者，为大家思想交流碰撞、知识交叉融合、理念交汇贯通搭建了很好的平台，必将对提高我国驾驶培训质量、提升道路交通安全工作水平起到积极的推进作用。在此，提四点希望，与大家共勉。

一、传递好安全文明的驾驶理念。驾驶培训是培育塑造驾驶人的重要基础，提高驾驶人安全文明素养，关键在于强化驾驶人对安全文明驾驶理念的认知、认同。我们希望，驾培行业围绕安全文明这一核心要求，进一步转变培训理念，更加突出驾驶理论教学的投入，更加重视安全文明意识的培养，建立一套融安全文明驾驶的知识、技能、意识为一体的科学教学体系。培养名师、培育优课，将安全文明驾驶的理念讲授好、传递好，让学员懂得交通通行法律规则、懂得车辆安全驾驶原理、懂得驾驶人担负的安全责任和社会责任，为学员上好开车“第一堂课”。

二、发扬好精益求精的工匠精神。教练员是新驾驶人的“引路人”，在公共安全领域从事着教书育人的崇高事业。我们期盼，重视加强优秀教官培养，发扬好爱岗敬业、精益求精的工匠精神，选树典型标兵，组建公益宣讲团、讲师团，推动建设一支正规化、专业化、职业化的高素质教学队伍，全面提升教学育人水平。近期，我们还将会同中国道路运输协会、中国道路交通安全协会深入开展交通安全公益宣讲团“进农村”“进驾校”“进企业”活动，欢迎大家推荐更多、更优秀的教官加入全国宣讲队伍。

三、应用好科技创新的动力引擎。北宋思想家张载有云，为天地立心，为生民立命，守护人民群众生命财产安全是我们的初心和使命。我们倡议，驾培科技应用要坚守安全本位，以智能化、信息化的手段，推进驾驶培训模式的改革创新，创造一批理论与实操相结合、线上与线下相结合、模拟与实景相结合的多元化教学模式，推动“应试教育”向“素质教育”转型升级，真正培育出安全文明、守法礼让、技能过硬的新驾驶人。坚守服务本职，利用新技术、新手段，便利学员网上学、就近学、自主学，实现培训更加阳光、透明、便捷，切实方便群众学车，惠民生促发展。

四、发挥好共建共治的协同力量。提升新驾驶人安全文明素养是全社会共同的责任。我们呼吁，坚持“共商、共建、共享”的理念，政府部门、行业企业、社会团体、媒体媒介等社会多元力量，对道路交通安全、对驾驶人安全文明素养再多一份关注，多一份责任，大力传播文明交通理念，树立法治精神，增强规则意识，建立健全共商良策、共享成果的治理新格局。

新时代新征程，需要新担当、肩负新使命。我们相信，只要大家戮力同心，共担责任，坚持不懈，就一定能够形成安全文明、守法礼让的驾驶风尚，构建起安全、有序、畅通的道路交通环境，确保人民群众出行平安、便捷，为“平安中国”建设做出更大的贡献！这是我们共同的愿景和追求。

最后，预祝论坛圆满、成功！谢谢大家！

第三节 技术向善 以人为本 让驾培行业筑起道路交通安全第一道墙

苑 雷
中国道路交通安全协会秘书长

女士们、先生们、朋友们，上午好！

欢迎参加第五届“机动车驾驶培训与道路交通安全国际论坛”。受2020年“新冠肺炎”疫情影响，第五届国际论坛延至2021年举办，但我们热情不减。作为此次论坛的主办单位之一，我代表论坛组委会向莅临本次论坛的各位领导、嘉宾和各界同仁表示诚挚的欢迎，向长期以来关心支持道路交通安全事业发展的各界朋友们表示衷心的感谢！

截至2020年，我国汽车驾驶人已达4.18亿人，近五年年均新增驾驶人近2500余万人，每年驾驶培训市场规模逾千亿元。驾驶培训行业是道路交通安全“第一道关口”，其发展水平对全社会交通秩序的平安和谐、交通文明水平起着至关重要的作用，也事关千千万万家庭的平安幸福。

就在两个多月前，沈海高速发生一起轮胎掉落引发的事故，造成 11 人死亡、19 人受伤的惨剧，成为舆论热点。我们看到，虽然这起重大交通事故的主要诱因为前车轮胎脱落，但不可忽视的是后车应急处置能力的缺失。此事故的教训固然应加强出车前的检查，预防车辆零部件掉落的隐患，更多的还应该提升驾驶人的安全培训：即遇到紧急情况的处置措施，此次沈海高速发生的事故中，若驾驶人采取紧急制动措施,可能导致的仅仅是单车碰撞事故,而不会造成后果更严重的连环事故。

实际上，近年来发生的多起事故都是对道路交通安全法律法规的理解及执行不够，比如事故处置不当造成的二次事故、通行权意识不强导致的大量未按规定让行事故等等，普遍反映了驾驶人交通出行规则意识差。一方面是日常警示教育的缺失，另一方面也有培训考试不合理的问题。这些都体现了驾驶人不管在学习驾驶时还是参与到交通活动中时对于一些诸如危险源识别、防御性驾驶、应急处置等交通安全知识没有入脑入心，而仅仅停留在表面，缺乏客观的认识，更不可能去实践。特别是在驾驶培训环节，可以说是驾驶人唯一一次系统的学习道路交通安全知识的阵地，但现实是囿于考试、受限于场地，导致驾驶培训过程中缺乏素质教育，考证成了驾培机构、学员追求的唯一目标。

近年来，随着虚拟现实、自动驾驶、人工智能等科学技术在驾培行业的落地应用，对推动驾培行业数字化发展、提高新驾驶人技能水平和安全文明意识等提供了全新的模式和思路。此次国际论坛的主题定为“科技与安全”，越来越多的科技应用到驾驶培训过程中，我们始终要把“技术向善”摆在第一位，我希望看到的不是模拟考试设备、学时跑马机这样的产品，而是真正能提高学员驾驶技术、提升安全文明意识的产品，让学员学到有用的知识有获得感，让驾校挣钱有幸福感，以人为本促进我国汽车文明的形成，让每一名交通参与者都有安全感。希望借此机会,通过政府、协会、企业和业界专家、学者的交流,探讨出一条以科技赋能,引领驾培行业新的发展路径。

女士们、先生们！保证道路交通的安全、有序、畅通,为和谐社会创建守法、安全、文明的交通环境,促进经济社会更好更快的发展,是每一个驾培行业人的共同职责。让我们携手并肩，履行义务，担当责任，为中国的道路交通安全、和谐、有序的发展做出我们应有的贡献。

最后，预祝论坛圆满成功！谢谢大家！

第四节 牢记使命 勇于担当 让人人享有安全便利的交通

王丽梅
中国道路运输协会会长

各位贵宾，各位代表，女士们，先生们，第五届机动车驾驶培训与道路交通安全国际论坛，今天如期在风景如画的东湖之畔隆重召开，中国道路运输协会和合作伙伴中国道路交通安全协会一起作为大会的主办方，热烈欢迎各位贵宾、各位代表的到来，同时也向在线上参与本次论坛的国外同行们致意。

中国道路运输协会机动车驾驶培训分会是中国道路运输协会的重要分支机构，负责在驾培领域完成行业协会的工作，为组织召开本次论坛做了大量的筹备工作。同时，中国道路运输协会非常感谢交通主管部门多年来对驾培行业的关心爱护和支持，对本次论坛给予的指导和厚望。

回顾既往的温馨时刻，大家还记忆犹新的是去年分会组建之后，首次打开了一个文明窗口——全国机动车驾驶理论教学公益竞赛。今年以“科技与安全”为主题的国际论坛在去年文明窗口的基础之上又向前迈进了一大步。

机动车驾驶培训是道路运输行业服务经济社会的窗口行业。道路运输行业是我国国民经济当中最大的一个行业，从业人员有4000万之众，其中3000多万是营业性驾驶员。这些营业性驾驶员，对他们的技术水平和业务能力的要求要比普通机动车驾驶人的要求高很多，因为运输服务关系人民群众生命财产安全。

道路运输行业对于驾校在营业性驾驶员培训方面，有三个愿望：

第一个愿望，怎么样能减少时间，使营业性道路运输驾驶员的从业资格，能够从现在的28岁提前到25岁，希望道路交通安全主管部门从政策层面考虑一下道路运输行业当前的急迫需求。道路运输行业现在面临“驾驶员荒”，原因之一是从业时间太晚，要到28至30岁才能从事营业性道路运输。“驾驶员荒”在全世界范围内也是个普遍问题。但欧盟等国家和地区的驾驶人在二十五六岁就能够从业，因此我国在这方面的需求是非常急迫的。

第二个愿望，在机动车驾驶人普遍的文明和驾驶技能的基础之上，营业性驾驶员对于文明的要求、技能的要求要提高一个层次，怎么样使这个层次更符合现在营业性驾驶员的实际需求，就是我们广大驾校的使命所在。

第三个愿望，在驾校培训的时间段，能不能对营业性驾驶员未来的从业需求方面进行开发，完善一下课程设计。这些进步将对营业性驾驶员的培训产生重大的影响，做出重大的贡献。

在此，我希望各位企业家们能思考我们的使命：第一条，要培养具备文明和技能的驾驶人。第二条，要培养具备更高能力水准的营业性道路运输驾驶人。第三条，要把好道路交通安全的第一关。

在国家加快“放管服”的背景之下，交通主管部门、公安交通管理部门都在政策法规方面提供了很多很好的保障，我们驾培行业要勇于担当、加强自律，行业自律也是行业协会的应有之意。中国道路运输协会的行业自律体系，目前有行规行约，又增加丰富了行业服务承诺。我希望驾培分会根据驾校发展的历史阶段，对协会行规行约体系当中的驾培行规行约进行修订和提升，既要满足交通主管部门、安全主管部门对驾培行业的行政管理需要，也要适应广大公众对驾培行业的呼吁，在新时期体现驾培行业自律方面的推动和提升。

面对数字化和智能化，驾培领域有三大任务：

第一个任务，应该赋能管理，更加高效和人性化。通过科技进步，我们还能有怎样的铺陈，需要驾校推动和探索，我希望驾培分会的理事长和副理事长们有这样的责任担当，在科技应用更加人性化、便利化方面进行推动和开发。

第二个任务，应该赋能装备，更加环保、节能、高效。既往我们推动了驾驶模拟器的升级，现在应用 VR 等人工智能技术，这些对于驾校提升服务品质和驾驶人的体验感受是非常重要的。同时也应该肩负未来国家在碳达峰、碳中和方面的目标，要严格执行国家政策，推动行业低碳绿色发展。

第三个任务，应该赋能驾驶人，提升文明和技能水平。希望通过技术装备升级，比如开发人工智能辅助系统，重点针对学校、养老院、人员密集的场所等场景的文明驾驶行为进行科技应用。

安全是永恒主题。人人享有安全和便利的交通，应该是我们驾培行业永恒的追求。驾校作为第一关，要建起事故的“防火墙”。这个使命和责任非常重大。如果营业性道路运输“防火墙”建好了，我相信社会驾驶人的“防火墙”就没有问题。

女士们，先生们，中国道路运输协会预祝本次大会取得圆满成功！大家通过这次论坛势必会有所感悟、有所发现，会后你们有所创新、有所成就，就是中国道路运输协会和机动车驾驶培训分会最大的荣幸和安慰！谢谢各位！

第三章

嘉宾精彩演讲

第一节　虚拟现实技术（VR）在驾驶培训领域的应用

伊夫卡·奥科查诺娃　(Jivka Ovtcharova)（德国）
德国卡尔斯鲁厄理工学院（KIT）工程信息管理　教授

伊夫卡·奥科查诺娃女士

德国卡尔斯鲁厄理工学院、信息工程学院院长；联邦德国工程院院士，C4级别教授；在人机互动、产品生命周期数字化管理、VR及人工智能算法等领域有极其高深的造诣；欧盟最杰出25名女性之一；欧盟委员会成员、洪堡基金会评委、联邦德国基金会及学术交流中心等多个世界级机构专家；曾于2009、2011及2013年多次获得国家奖项及勋章。

摘　要

本文介绍了德国卡尔斯鲁厄理工学院虚拟技术发展情况，VR技术的历史、发展和潜力，VR技术驾驶培训应用的几个最重要方面，VR技术在中国驾驶培训领域的应用以及VR技术的前景和进一步发展的建议。

首先，介绍一下巴登符腾堡州。巴登符腾堡州是德国最发达的联邦州之一，全国排名第二，仅次于巴伐利亚州。该州的研发创新投资相当于瑞典一国对研发的投入，该州是孕育发明家和先驱者的热土，在各领域位于前列，尤其是工业领域。巴登符腾堡州是欧洲最具创新力的地区之一，是高科技研发院校和大小企业最集中的地区，尤其是在互联网应用领域。1984 年，德国第一封电邮是从卡尔斯鲁厄发出的，目前，该市有 3200 多个互联网科技公司。为塑造未来，必须了解历史。卡尔斯鲁厄科技区是发明史上最具盛名的地区之一，卡尔·德莱斯发明了自行车、卡尔·本茨发明了汽车、海因里希·赫兹证明电磁波的存在，以及现代飞行出租车的研发。

然后，介绍一下我们的技术领域，应用及能力。KIT 创立于 2006 年，是德国亥姆霍兹联合会的研究大学。KIT 的创立合并了两所最古老的理工大学，分别是创立于 1825 年的卡尔斯鲁厄大学和创立于 1956 年的亥姆霍兹联合会能源研发中心。KIT 是欧洲最大的理工大学之一，被誉为德国版麻省理工学院，也是世界最著名的大学之一。我们的办学理念是将学生培养为专业人士和创造者，KIT 于 2006 年和 2019 年入选德国卓越大学计划。我所在的学院是工程信息管理学院，我院所授专业主要包括面向工程师的计算机科学、产品生命周期管理、生命周期工程、视觉工程和工业 4.0，主要研究方向包括流程建模、增强智能、智能沉浸式环境、混合孪生技术。我们在创新研发领域与中国展开了合作：与杭州拓叭吧科技有限公司共同研发驾校汽车驾驶模拟器、与南京合作成立数字孪生联合创新研究院、与常州合作成立卡尔斯鲁厄常州智能科技中心。

最后，介绍一下中德友谊驾驶模拟项目。将 VR 技术用于驾驶培训，我们的学院与中国合作由来已久。2016 年 9 月 1 日，KIT 与杭州拓叭吧达成战略性伙伴关系，多年来双方在多个工业项目上展开深度合作。借此机会，我有幸向大家介绍一下我们的合作成果。

一、VR 技术的发展

VR 即虚拟现实，是近年来最热门的话题之一。VR 开发于 20 世纪五十年代，此后经历了起伏。过去五年发展迅猛，在软硬件方面有了极大进步。但是，延迟、惯性、高价和欠发达的生态系统等问题，成为 VR 产能提高的障碍。最近，VR 公司逐步应用人工智能（AI）和云计算技术，建立更强大的生态系统，5G 技术的应用能解决延迟和惯性问题。根据全球数据预测，到 2030 年，VR 市场规模有望达到 280 亿美元。VR 系统有各种各样的配置，最常用的有三种：头戴式全沉浸、投影半沉浸式和桌面无沉浸式。

最常用的三种 VR 形式

这三种系统提供了不同的沉浸度和用户临场感。沉浸度指用户对当前任务的投入程度，沉浸度取决于几个互相作用的参数或特性：互动性、图像复杂性、立体视图、能视域和显示视率。表中列出了前述三种 VR 系统的性能，主要性能包括分辨率、缩放、导航技能、能视域、延迟和沉浸感。近几年，沉浸头戴式 VR 显示器得到广泛应用：国际著名的设备制造商包括 Oculus、索尼、三星和 HTC，中国制造商华为和 PICO 也在拓展国际市场。

VR 系统性能的主要定性指标

定性指标			
主要特征	无沉浸式（桌面）	半沉浸式（投影）	全沉浸式（头戴式）
分辨率	高	高	低～中
缩放	低	中～高	高
导航技能	低	中	高
能视域	低	中	高
延迟	低	低	中～高
沉浸感	无～低	中～高	中～高

你可能想到游戏领域的沉浸式 VR 技术，然而，基于模拟器的 VR 系统和技术有着更广泛的现实应用。半沉浸式 VR 系统能在多个领域，如医疗、建筑、航空和

教育，发挥优势和效益。对于驾驶培训领域，半沉浸式 VR 系统提供更大的临场感。无沉浸式 VR 系统也有广泛应用。此外，VR 系统提供的图像更清晰、分辨度更高。这些应用提供共享虚拟体验的能力，在教育领域有很大应用前景。当前头戴式沉浸系统暂时无法提供同步追随虚拟环境体验。

二、VR 技术在驾驶培训的应用

谈到 VR 技术在培训领域的应用，人们很自然地想到汽车驾驶模拟器。为了更有效地使用驾驶模拟器，需要考虑以下几个方面。

首先是保真度。保真度指的是模拟器与真实汽车的相似程度，有几个因素需要考虑：物理保真度，指的是模拟器外观和实车的相似度，包括所有的运行设备；功能保真度，指的是操作体验和实际驾驶的相似度；视觉保真度，指的是从驾驶员个人角度感知的视域相似度，包括真实视觉和盲点等；行为保真度，指的是驾驶员能够对模拟器的模拟情境进行反应，如多个交通场景下的应急反应；还有心理保真度，指的是驾驶员心理状况和引起的心理应激反应。驾驶模拟器保真度研究重点关注视觉保真度，例如立体视觉和视野。立体视觉可以证明模拟器的保真度，提高临场感，激发更多正面真实的反应。我们的研究发现，与单视觉培训组相比，立体视觉模拟培训组在现实场景中的表现更好。根据培训对象，制定相匹配的培训目标和培训策略，覆盖必要培训内容，保证培训效果。

再来讲一下传输率。传输率指的是在模拟器习得的技能应用在现实驾驶情境的比例。下面将详细讲述有效的培训计划，有效的培训包括五个方面：第一个方面是程序技能，是对基本技能的培训，包括倒车、停车入位、离合器等操作技能，还有获得驾照必备技能、应急驾驶技能，节能驾驶技术也属于基本培训；第二个方面是高阶认知技能，包括风险认知和预测、风险意识、注意力以及其他技能，需要特别注意的是要养成安全驾驶意识，这也是一项技能，在传统培训中没有得到有效的重视，这是很必要的技能，尤其是在现实驾驶情境中；第三个方面是驾驶人的全生命周期教育，驾驶技术很重要，像其他专业技术一样，有整个生命周期的规律可循；第四个方面是驾驶能力的评价和测试，即使对于有经验的驾驶员来说，他们也有很多盲区和误解，因此，为了尽量降低驾驶员安全风险，有必要在整个生命周期内培养驾驶能力，例如，对于专业驾驶员，要进行节能培训；第五个方面是事故当事人的心理干预和治疗，对于驾校学生，要注意进行防御性驾驶培训，对于资深驾驶员，要特别注意心理和生理健康。

三、VR 技术在中国驾驶培训领域的应用

从 2008 年开始，KIT 建立专门团队，研究 VR 相关技术以及 VR 在各行业领域的应用。2016 年 KIT 和杭州拓叭吧建立战略性伙伴关系后，重点研发 VR 技术在驾驶培训领域的应用，并为该技术在中国应用提供一系列新技术解决方案。通过借鉴国际优秀驾驶培训经验，我们采用了半沉浸式 VR 技术，以“VR CAVE”解决方案和智能算法为基础，有效地提高了驾驶培训学员的学习效率。众所周知，飞行模拟器被广泛应用于航空培训，他们采用的是半沉浸式系统工具，我们的目标是采用与市场需求匹配的智能实车驾驶和培训系统。自 2018 年以来，该系统已服务 5 万多人，满意率 99%，推荐试用率近 100%。我们期望该系统进一步应用到驾驶培训和交通安全教育领域。

下面，进一步谈谈我们的解决方案：方案提供全套培训内容，满足驾驶学生的需求。采用智能数据管理和评价系统，拓展驾驶培训和交通安全教育领域，支持自动驾驶测试、赋能驾驶能力评价和测试，兼顾事故当事人的心理干预和治疗。

请允许我进一步阐述这几个方面。

第一，有关培训内容。这意味着满足驾驶学生需求，与传统模拟器相比，我们的智能驾驶培训系统进行了全面更新和改善。不仅提供实际技能培训，还提供法规和安全意识培训，与现实情境相结合，全面提高学生安全和社会意识。交通安全意识和驾驶技能培训旨在实现学生安全驾驶，经过近五年的研发、测试和持续改善，方案已升级到 4.0 版本，全面覆盖了机动车驾驶培训的培训课程和考试大纲。该方案利用 VR 技术优势，以真实路况驾驶情境为基础，重点关注典型交通情境下的防御性驾驶和应急处理技术，包括山路驾驶、高速驾驶、典型违规驾驶、恶劣天气驾驶（如冰雪雨雾和夜间驾驶）等。

智能实车驾驶教学系统

第二，为了提高驾驶体验，设计了智能数据管理和学生评价系统，提高了培训效果和质量。利用智能算法、数据收集、分析、操作评价和反馈等，帮助驾驶培训学员提高水平。我们的目标是因材施教、提供个性化培训。利用智能系统，从集中信息管理系统转变为个性化数据管理系统，为学生制作智能数字档案。

第三，自2018年9月以来，拓叭吧公司在杭州试点机动车智能驾驶培训，采用的智能驾驶系统已广泛应用于交通安全宣传和教育领域。再次强调，该体验服务人数已超过5万、满意度99%、推荐试用率近100%，在年轻人群体中很受欢迎。接下来，将扩展和深入应用到驾驶培训和交通安全教育领域。

第四，自动驾驶测试。与人工驾驶相比，自动驾驶可降低交通事故死亡率至少20%。该测试需要在实际路况下运行测试80亿公里，在现实情境下全面完成实车测试是非常不现实的。可视化模拟器可满足测试要求，包括上述各种路况的测试要求。根据汽车技术和人机交互数据，拓叭吧创建了一整套的应用情境和技术架构，用于可视化驾驶和自动驾驶。拓叭吧提供高水平的数据支持，用于自动驾驶人机交互系统的设计和人机交互的演示。高水平多维度的测试情境，如主动驾驶情境、自然驾驶情境和事故情境，也受到高度重视。

第五，驾驶能力的评价和测试。随着AI技术的不断进步，VR技术会与AI结合开发评价和测试系统，帮助驾驶学生全面提高驾驶技能，例如美国的一些模拟器公司与保险公司合作，驾驶员完成了模拟器测试之后，根据他们的评估报告，保险公司会相应提供未来几年的车险保费折扣。当然，系统涉及的算法还在不断改进中。

第六，事故当事人的心理干预和治疗。根据世界卫生组织报告，近年来，全球平均每年有 100 多万人死于交通事故，还有几百万人受到这些交通事故的牵连，心理状况堪忧。利用模拟器进行心理干预可能是个不错的解决方案。根据中国的国情，我们相信在中国积极推广 VR 技术，符合驾驶培训行业转型升级和新基建发展需要，有效解决当前驾驶培训行业面临的占地面积大、高能耗和个别驾驶情境难以实现的问题。

四、VR 技术的前景和建议

随着 5G、AI 和大数据等相关技术的发展，VR 技术在驾驶培训行业的应用会继续扩展，VR 智能发展将促使驾驶培训转型为知识和技术密集型现代产业。此外，随着自动驾驶技术的发展，越来越智能和先进的驾驶辅助系统会成为标配，建议将相关内容也添加到驾驶培训计划里，因为这些内容已经无法在传统驾校里进行培训了。在驾驶培训中应用 VR 模拟技术，能更好地帮助和适应未来自动驾驶时代，解决智能驾驶培训带来的挑战。

第二节　汽车驾驶模拟训练技术及其应用

曾　诚
交通运输部公路科学研究院汽车运输研究中心副主任　研究员

曾诚先生在演讲

研究员，交通运输部公路科学研究院汽车运输研究中心副主任，全国道路运输标准化技术委员会委员，硕士研究生导师。主要从事机动车驾驶安全与节能、道路运输安全管理、道路运输节能减排等方向的政策研究与技术研发工作。主持和参与了国家级、省部级科研项目40余项，获得公安部、中国公路学会、中国智能交通协会和中国节能协会科学技术一等奖3项、二等奖4项、三等奖2项;主持制定国家标准《机动车驾驶员培训机构资格条件》(GB/T 30340)和交通运输行业标准《机动车驾驶员培训机构服务规范》(JT/T 1099)、《机动车驾驶员安全驾驶技能培训要求》(JT/T 915)等20余项;参与《机动车驾驶员培训管理规定》《机动车驾驶培训教学与考试大纲》《机动车驾驶员计时培训系统计时终端技术规范》等规章和技术规范的制修订工作。

摘 要

本文概述了汽车驾驶模拟训练技术发展，详尽介绍了行业管理政策标准及规范的发展历程，深入阐述了汽车驾驶模拟训练技术的应用优势，以务实的态度分析了汽车驾驶模拟训练技术应用所面临的挑战，并给出该领域技术应用发展建议。

众所周知，现在在航空领域、地铁驾驶、汽车设计、汽车驾驶、航空驾驶、军事训练、船舶航行、公路等各个行业，对于操作技能的训练都离不开三种训练方式——理论培训、模拟训练和实操训练。因此，模拟训练等新技术应用的范围非常广泛。

模拟技术在我们驾培行业的应用，首先离不开相关法律规范的制定，因为这些法规和标准规范形成了比较完善的体系，来支撑模拟训练技术在驾培行业的应用。在驾培行业中，模拟技术的训练应用有三个方面相关的法律规范。第一方面的法规是对模拟训练装备在企业中配备的要求，具体有《机动车驾驶员培训管理规定》（交通部 51 号令）和《机动车驾驶员培训机构资格条件》(GB/T 30340)。第二类是对模拟训练技术本身技术性的要求。交通运输部出台了《汽车驾驶培训模拟器》(JT/T 378) 标准。第三是对模拟器如何开展模拟训练，以及训练时间的要求进行规定。针对这个问题，交通运输部制定了《机动车驾驶培训教学与考试大纲》和《机动车驾驶员计时培训系统 第 1 部分：计时终端技术要求》（JT/T 1302.1）。这些法规、标准和规范支撑了整个模拟器应用的政策体系，使模拟器应用有了法理基础。

一、技术应用现状

在模拟器技术条件方面，交通部 1998 年就开始了 JT/T 378 的制定工作。当时的《汽车驾驶训练模拟器通用技术条件》规定了模拟器的通用技术要求、试验方法、检测规则等。2005 年，交通部对 JT/T 378 标准进行了第一次修订，主要增加了模拟器的分类，把模拟为分为主动式和被动式，同时对各类模拟器的结构组成、功能和技术性能进行了详细的规定。2014 年，交通运输部对模拟器的标准进行了第二次修订。这次修订结合模拟技术的升级，增加了动感模拟器分类及动感模拟装置、计时器接口和模拟训练功能等要求。这个标准引领了模拟技术的升级，并提出了一系列的要求。

对于驾培机构到底怎么去配备模拟器，在 2000 年，交通部出台了行业标准《机动车驾驶培训机构资格条件》（JT/T 433），提出驾培行业使用模拟器进行训练。到了 2013 年，交通运输部组织制定了《机动车驾驶员培训机构资格条件》（GB/T 30340）标准，要求各级驾培机构必须配备模拟器开展教学。这就意味着驾培机构的训练组织方式上进行了优化，由原来仅有理论培训、实操培训，强制增加了模拟训练的方式。这个标准规定一级驾校配备不少于10台驾驶模拟器，二级驾校不少于5台，三级驾校不少于 3 台，和培训的量有关系。下图为标准及大纲发布的时间线。

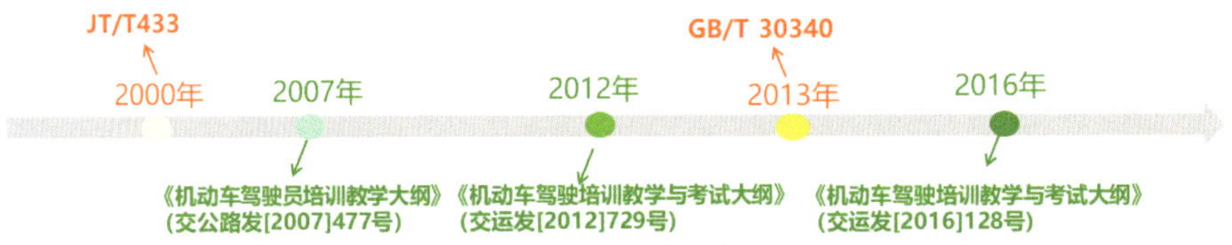

模拟器行业标准及大纲发布的时间线

接下来的内容是驾校用模拟器怎么去教学，围绕哪些方面的教学内容进行模拟训练。从 2007 年开始，交通部出台的《机动车驾驶员培训教学大纲》，在第一阶段和第四阶段采用推荐的方式，推荐开展模拟训练。2012 年对教学大纲的修订中将第二阶段的“可采用”改成了“应当采用”，开始把模拟训练这种组织方式正式在行业进行强制推进，对第三阶段给出了“可采用”的建议。随着时间的推移，到2016年再次修订培训教学大纲的时候，“基础和场地驾驶”中“操纵装置的规范操作”和“起步前车辆检查与调整”教学内容，应采用驾驶模拟设备教学；“道路驾驶”中“恶劣条件下的驾驶”“山区道路驾驶”“高速公路驾驶”等内容，可采用驾驶模拟设备教学。模拟训练学时是 4 个学时。以上是从法规、标准规定方面对模拟技术应用给出的总体要求。

下图是对整个驾培行业一些统计数据的分析。一方面，截至 2019 年底，全国驾培机构共配备 121,669 台汽车驾驶培训模拟器，相较于 2010 年，增长了 3.27 倍、约 10 万台，增长速度迅猛。另一方面，被动式模拟器的配置占模拟器总数比例逐年增加，在 2012 年达到最高值 34.29%，随后其占比逐年下降。由此可见，全国驾培机构配置汽车驾驶模拟器的数量逐年增长，其中，主动式模拟器的占比呈现增长趋势。

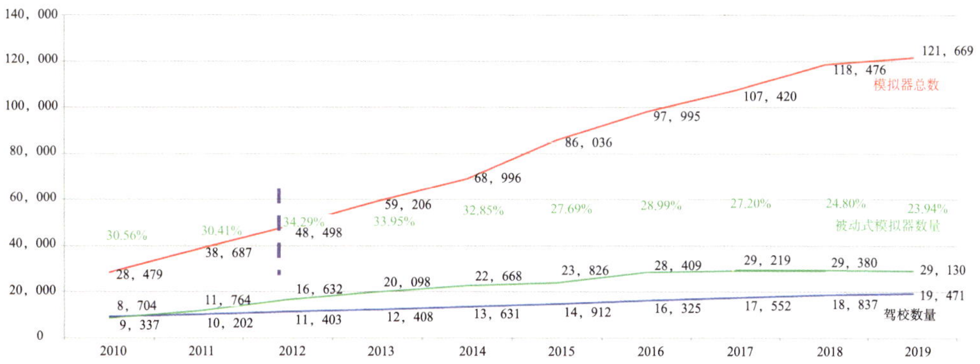

2010 年至 2019 年驾培机构配备模拟器情况

下面对全国驾培行业模拟器配备的数量，和按照国家标准要求应当配置模拟器的理论数量做了一个对比分析。模拟器的理论配备数量是什么意思呢？按照国家标准的要求，一级驾校、二级驾校、三级驾校分别应该配备多少台模拟器，可以根据驾校的数量估算出应配备模拟器的总数。通过这个估算发现，全国驾培行业实际配备模拟器的数量总体而言是少于应该配备数量的理论值。同时，这个差距在逐年缩小。这反映了什么问题呢？这说明驾培行业越来越认识到模拟器在驾驶训练中的作用，同时也反映出来我们培训行业管理水平在不断提高。

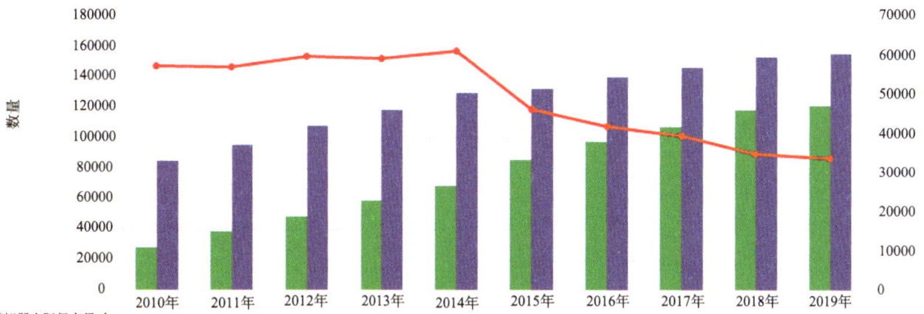

	2010年	2011年	2012年	2013年	2014年	2015年	2016年	2017年	2018年	2019年
模拟器实际保有量/台	28479	38687	48498	59206	68996	86036	97995	107420	118476	121669
模拟器理论配置数量/台	85720	95900	108190	118545	130060	132390	139985	146835	153510	155505
每年度差额数量/台	57241	57213	59692	59339	61064	46354	41990	39415	35034	33836

模拟器理论配备数量与实际保有量对比（2010—2019）

二、技术应用优势与挑战

模拟训练技术到底有哪些优势呢？我们的理解有四个方面。第一，对学员心智技能的训练；第二，对应急处理能力的训练；第三，提高个性化、有针对性的训练；第四，降低驾驶训练中的能源消耗。模拟训练还有一个特别的功能，在汽车的设计和测试方面，起到一个加速测试的功能。这个加速测试对驾驶培训来说是个什么概念呢？我们的学员在驾校接触的短短几个小时的模拟训练当中，能够体会他这一生见不到的场景，通过模拟的方式在这几个小时给学员进行训练，是一个加速培训的过程，这也是模拟训练技术的最大优势。

模拟技术在实际应用过程中面临三个方面的挑战。第一个挑战是模拟器本身的技术性能。这包括模拟器操纵感仿真度、动力学特性与视景仿真度参差不齐，真实感、沉浸感不足。第二个挑战是训练功能的挑战。我们训练场景的设计理念是依据驾驶证考试评分的标准进行设计，强调的是学员操作规范性的训练，这实际上存在设计理念不足的问题。第三个挑战是训练方法的挑战。针对驾校，应用模拟器训练的时候，教学方法、组织方式是不足的，理论教学和模拟教学、实操教学是完全割裂的组织方式。我们未来要探索理论、模拟和实操交叉融合的组织方式，应该会起到更好的效果。此外，训练方法的不足还体现在模拟训练结束之后，对训练效果进行评估，以及使用评估结果再来指导训练的方面做得不够。

三、技术推广应用的建议

针对目前模拟训练的优势和不足，我们正在对 JT/T 378 标准进行第三次修订。这次修订着重强调三个方面的努力：第一是要解决哪些科目，第二是要增强学员训练的体验感，第三是模拟训练的分析和训练管理。在训练内容方面，这次的修订，不仅针对一般道路驾驶，还有针对山区、高速公路、不同天气条件的训练场景的一些要求。在训练要求里面，着重强调了对学员观察习惯和对学员风险感知能力等方面训练的场景设计。在训练体验方面，一是强调驾驶场景及场景功能要求。二是增加了对虚拟现实（VR）、视觉追踪等新技术应用。在训练管理方面，强调模拟训练计时管理、过程信息及评价。

我们按照技能熟练程度和安全水平，把驾驶人的训练分为不同阶段，可参考下面的图表。最初的阶段是具备驾车资格的驾驶人，再高级一点的阶段就是熟练操作的驾驶人，更高级一点的就是安全熟练操作的驾驶人。针对不同阶段要有不同的策略。对能上道路的，要有全面车辆操作的能力，包括动作的准确度、连贯性和场景的协同性。对于熟练操作的驾驶人，要求他不仅能开车，而且能够正确地遵守交通规则——包括车辆行驶的位置，车辆灯光、信号的应用。第三个阶段，强化的是要有较好的交通安全风险的感知能力，要有综合的交通安全的处理能力。这就包括学员观察的习惯和观察的范围，还有一些显性和隐性危险的识别能力。这就引导模拟器今后在功能设计方面，要逐步形成不同等级的产品。

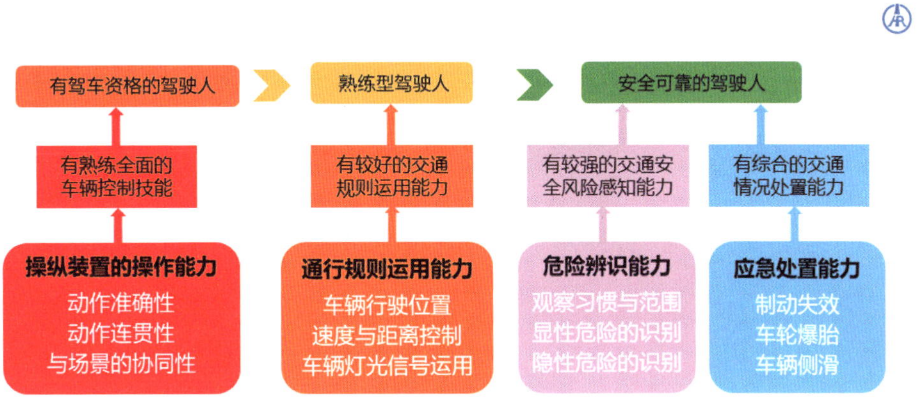

驾驶员的训练的三个阶段

在这次修订的时候，我们把眼动追踪的大数据有机结合进去，强调对学员的综合评价，学员对危险辨别能力的评价。其中包括学员对于不同类型危险的辨识能力的评价以及对道路上不同类型危险的评价，对行车过程中不同方位危险的评价，在模拟器里面都可以通过这种技术融合来实现。我们团队用了 5 年的时间开发出了配备眼动追踪技术的模拟器产品，也在行业进行推广应用。

对技术推广应用的建议：一是坚持原则。技术是拿来用的，不是拿来炫的。更重要是功能使用的时候方不方便，使用的效果会是怎么样，要注重技术应用的实用性。二是要明确定位。模拟器的仿真度不够，模拟训练强调学员的守法意识、观察习惯和安全风险防范能力训练建立良好的驾驶习惯和经验。三是追求创新。在教学内容、教学组织和新兴技术不断融合上下功夫。我相信模拟训练技术，在驾培行业会有更广阔的前景。

第三节　虚拟现实和模拟器的未来

广濑通孝　(Michitaka Hirose)(日本)
东京大学名誉教授

广濑通孝先生

东京大学研究院工学系研究科博士毕业，曾任东京大学工学学院教授，东京大学尖端科学技术研究中心教授，东京大学研究院信息理工学系研究科教授。现为东京大学名誉教授。目前致力于研究以VR(虚拟现实)技术，从各种角度研究多模态接口、混合现实设备和可穿戴设备、以及各类无处不在的内容研究等。

摘　要

本文从学术研究的角度详细介绍了虚拟现实技术的产生和发展，虚拟现实发展过程中模拟器的作用及应用，虚拟现实技术前沿领域及应用，并提出了模拟器未来发展的可能性。

我听闻本次大会聚集了汽车模拟器领域的相关人士。多年以前我便投身虚拟现实技术研究。今天我想讨论一下虚拟现实技术和模拟器技术之间的关系。

一、何为虚拟现实?

我们先从虚拟现实技术定义及其发展历程谈起。“虚拟现实”这一说法首次出现在 1989 年。1989 年 6 月 7 日的一次会议上，一家名为 VPL Research 的公司展示了“电话的未来”。我们可以看到这张图片是杰伦·拉尼尔，他是这家公司的创始人。他宣布 6 月 7 日为“虚拟现实日”，以致敬“哥伦布纪念日”，他说我们取得了与发现新大陆一样的伟大发现：一个虚拟大陆。重要的是，它利用计算机，基于逻辑，生成一种模拟环境。

VPL 公司 (1989) 及其创始人杰伦·拉尼尔（J. Lanier）

下图是一个典型的图表，展示了何为虚拟现实技术。你可以看到三个要素：显示、输入设备、模拟。虽然人们往往只关注 VR 的交互元素，即显示和输入设备，但模拟元素也是非常重要的。我可以说，VR 与模拟技术有着密切的关系。

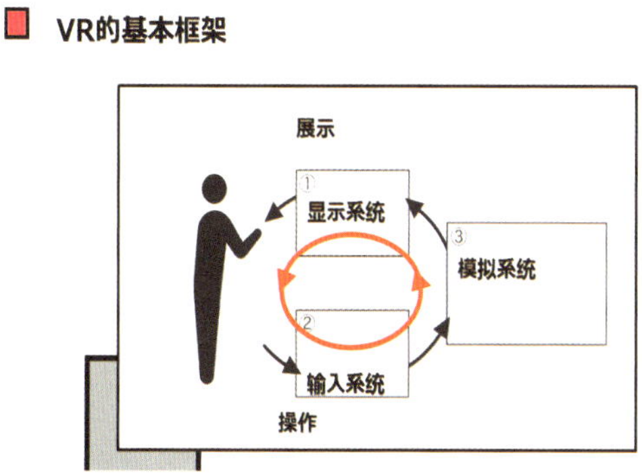

VR 技术的基本框架

这里展示了交互元素更具象实际的表现。以下是一些典型的交互设备。包括传感手套和头戴显示器(以下简称“HMD”)。传感手套是一种输入设备，头戴显示器提供身临其境感和三维空间感。除了视觉，许多其他感官的显示器都是为VR系统开发的。这些技术是早期VR的特征。

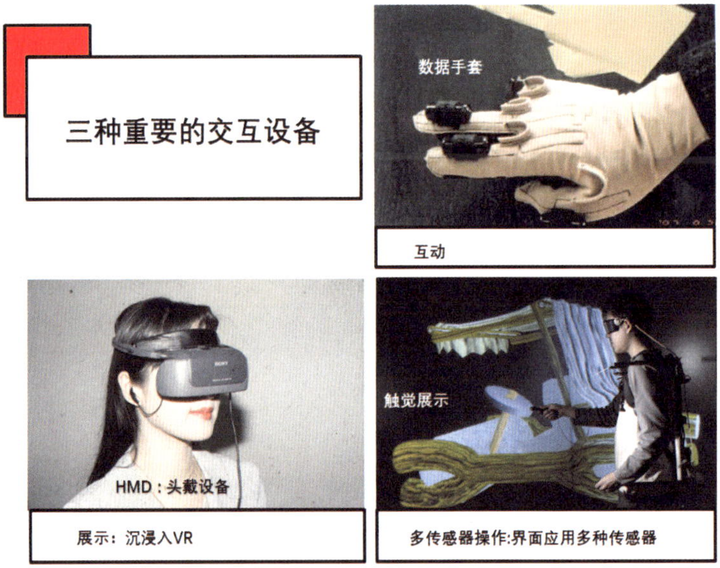

三种重要的VR交互设备

混合现实（Mixed Reality，也称介导现实Mediated Reality，MR）是介于虚拟与现实之间的中间存在。其中最明显的例子是增强现实（Augmented Reality，AR），即通过使用透视眼镜将虚拟世界叠加在现实世界上。AR的另一精髓是它在户外环境下也能工作。移动技术，包括可穿戴计算机等，帮助开发了许多AR应用程序。20世纪90年代末，佳能公司(Canon)和国际贸易工业部(Ministry of International Trade and Industry)合资，在日本成立了一家名为MR系统研究所(MR System Research Institute)的全国性公司。

我适才提到，VR是1989年就出现的技术。也就是说，VR现在已经30岁左右了。在这30年间，各种技术如网络技术、IOT（物联网）和高级人工智能得到了长足发展。我可以说，VR技术目前更新换代到第二代了。下图展示了第二代头戴显示设备(HMD)。大概从2014年左右开始，越来越多价格实惠、性价比高的头戴显示器不断涌现。从 2016 年左右开始，我们能够看到例如 PlayStation VR 和 Pok é mon Go 这些新的 VR 技术。众所周知，2016 年被称为 VR 的第二次“大爆炸”，相较第一次“大爆炸”全然不同。

第二代头戴显示设备

二、虚拟现实与模拟器

VR 是让我们能够进行全方位体验的媒介。通过 VR，我们可以洞悉人体内部，云游远方，穿梭过往。特别的是，VR 最重要的功能就是提供交互体验。如果我们只是想传达知识，那么简单地阅读教科书或手册即可。但在很多情况下，这是远远不够的。

基于体验的教培系统，作为虚拟现实应用之一，因此受到关注。对于这一应用来说，模拟器是至关重要的。

航空公司柜台客服的 VR 培训师自动化身模拟客户与佩戴 HMD 的学员进行对话。还有专门的消防员训练模拟器。VR 培训还成为非常热门的话题：一名虚拟现实训练师，让非专科医生体验如何进行 PCR（聚合酶链式反应）测试。

顺便提一句，如刚才所说，VR 的祖先之一就是飞行模拟器。1901 年，莱特兄弟的飞机完成了处女航。此后仅仅 28 年，第一台飞行模拟器 Link 训练器就问世了。从那时起，飞机经历了长时间的演变，计算机已经成为其中的一部分。1982 年，美国空军发布了一款名为“超级驾驶舱”的新型飞行模拟器，它使用了大量的信息技术。这被认为是 VR 的直系祖先之一。

那么，使用模拟器的优点是什么呢？主要罗列如下：

1．以较低成本体验危险情况；

2．回到过去，重新来过；

3．精炼化体验事物本质；

4．从不同的角度体验事物，超越“第一人称视角”；

5．详尽记录训练过程细节；

6．自由改变难度水平，保持训练动机。

第 1 个优势是出于经济考量，即成本。目前已经有各种各样的计算来衡量使用飞行模拟器的经济效益。这是日本航空公司的成本核算：首先，培训飞行员需要数千万到 1 亿日元。FFS 是一款全飞行模拟器，据说耗资约 1 亿日元。但若不采用模拟器而是实际训练的话，其花费已经超出这一费用了。此外，得益于优势 2 和优势 3，模拟器可以提高效率从而缩短训练时间。FFS 的引入降低了一半的培训成本，并将培训时长从 2.4 年缩短到 1.9 年。虚拟现实的作用是将这种模拟技术扩展到更多的职业。例如，空乘人员、地勤人员等。

优势 4 的一个例子就是超越“第一人称视角”经验。例如，在虚拟现实中，两个人可以共用一个身体。在飞行员训练中，很多情况下是新晋飞行员和指导员共同控制飞机。由于这可以通过 VR 有形地完成，因此这是学习实操技能的好方法。一个名为“虚拟共同化身（Virtual co-embodiment）”的项目正在进行中。这是一个非常基础的研究项目，研究两个人试图控制同一具身体时会发生什么。下图展示了虚拟共同化身的真实情况。位于中间的是共同身体的化身。我们可以调整左右二人对化身的影响占比。当左右二人各自活动时，化身也会相应变化。然而，如果你心中有一个目标，比如把任务指向某个点，你就会感受到二人更多的影响。这被称为“我们模式”。就教培而言，由他人代做却得以身临其境，是一件好事，所以 VR 能够做到这一点是一个很大的优势。

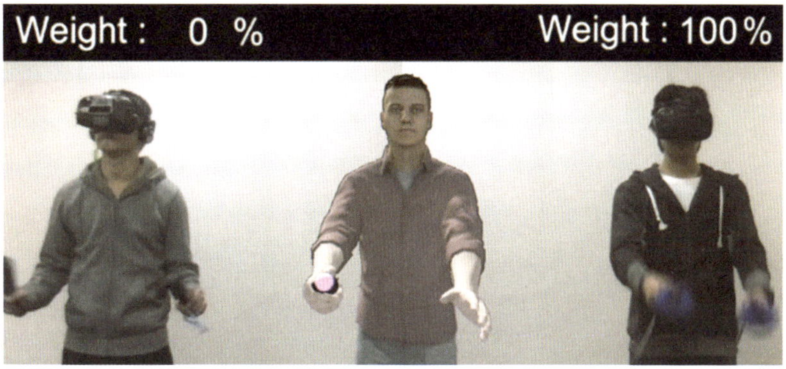

虚拟共同化身

优势 5 的一个例子就是由于 HMD 配备了各种传感器，它们能够以各种方式定制。虽然在 HMD 上安装传感器的最初目的是测量眼睛的方向，使得该区域的分辨率更高，但也可以安装各种其他类型的传感器，例如，心率传感器或温度计。这些传感器可用于监控学员的身体和心理状态。

优势 6 的一个例子就是在现实世界中，我们很难让一项任务变得更容易或更困难，例如，把一个篮球投进篮筐不能变得更容易或更困难，但在虚拟世界中，这是可以的。有趣的是，当你达到某种程度的技能时，如果你用更简单的训练来练习，你在现实世界中会表现得更好。换句话说，心理状态的提高比技能的提高更有效。因此，VR 训练的另一个优势便在于此。

三、虚拟现实的未来

过去一年，我们从新冠大流行中学到了很多。社会必须发生极大改变来适应新常态，技术需求也将发生巨大变化。正如我之前所说的，VR 技术现在已经进入了第二代。“新冠肺炎”疫情将大大加速这一迭代。虚拟现实将发生巨大变化，并开始朝着新的方向发展。就像从恐龙到鸟类或哺乳动物的巨大变化一样。

我们小组的思考分为两个方向。首先是在浏览器上部署 VR 的演变。这将使 VR 更容易通过网络传播到整个社会。换句话说，它将被部署在网络上。第二是无需过多移动的体验的演变。这种虚拟现实指的是一种拥有虚拟现实界面的虚拟现实，人们可以在家里获得类似虚拟现实的体验，而无需使用大型设备。

新冠肺炎大流行迫使我们的社会“远程工作”，因此，人们的远程工作素养大大提高。数字世界和现实世界之间的距离已经大大缩短。浏览器上的VR将呼唤更多与网页功能的融合。也就是说，它必须与基于网络的编程融合。这就是目前的在线虚拟现实。到目前为止，我们开发的系统并没有很多类似这样的想法。

我还听说，网络社区和虚拟现实社区是两个独立的社区。有一个融合领域正在迅速发展，并开始形成一个称为社交VR的领域。

无移动VR领域也刚刚兴起，但这里的例子并不多。首先，下图展示了一个叫做Ubi-Toko的系统。这个系统展示了在雪地上行走的困难。你可以在轮胎印上很容易地行走，但如果雪很深的话就不行了。虽然只是手指在滑动，但嘎吱嘎吱的声音和闪烁的雪花会让你的指尖感受到阻力。如果没有这种错觉，很难在这样的平板电脑上表达触觉感知。

Ubi-Toko系统

下图演示了行走重定向（Redirected Walking）。当你想要真实体验某些大型建筑时，如果你真的想这么做，你将需要一个相同大小的体验空间。这可不太好办。有一个办法可以解决这个问题。当你试图笔直行走时，你在虚拟空间中却是偏右移动。在这种环境下，如果你想要在虚拟空间中走直线，那么在真实空间中你实际上要偏左走。如果你一直朝同一个方向走，它就变成了一个圆，这样你就可以在虚拟空间中无限走“直线”。

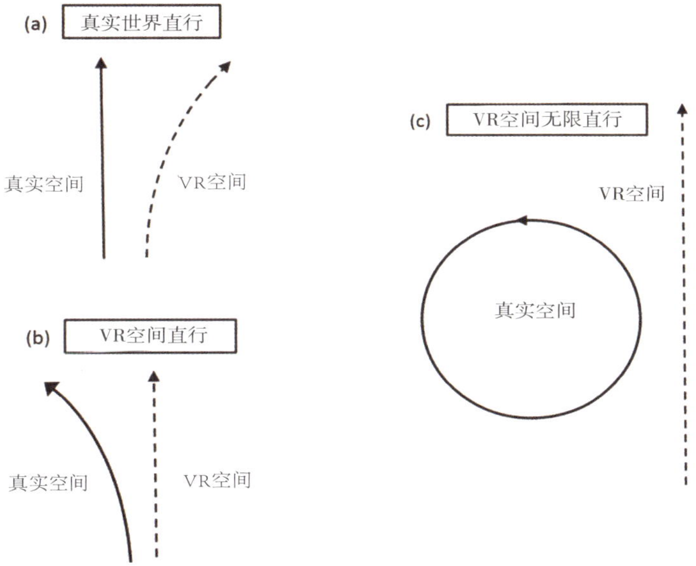

重走定向示意图

下图显示，淡蓝色表示虚拟空间中的行走轨迹，红色表示真实空间的行走轨迹。因此我们看到，通过 VR 高效体验虚拟空间是可能的。

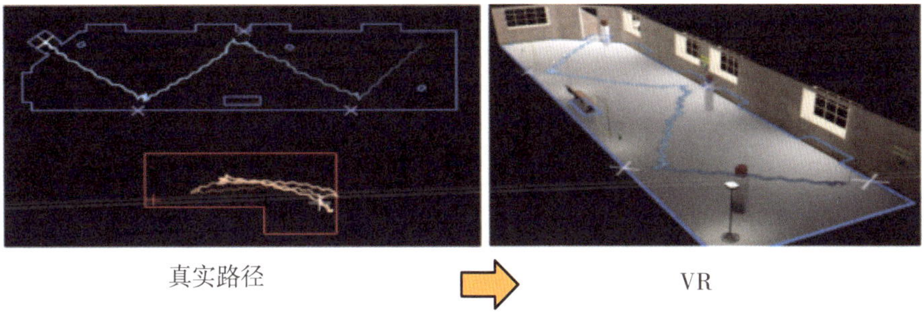

通过 VR 高效体验虚拟空间

这项技术的关键在于它的压缩能力。无限行走空间（Unlimited Corridor）向我们展示了“触觉加视觉，提供更强的空间感知操纵”。这个系统可以压缩物理步行空间。直径 44 米的步行空间，可以通过触觉技术压缩到直径 6 米。

四、超越模拟器

最后，我想讨论一下模拟器技术的未来发展方向。

飞行模拟器模拟飞机，驾驶模拟器模拟汽车。换句话说，总是存在一个实物，而模拟器仅是其复制品。但有时，模拟器开始具有独立的身份。例如，在早期，电脑游戏模仿现实世界的游戏，如赛车，足球游戏，或古代战争。但现在，许多电脑游戏没有一个真实的模型。虚拟世界已经开始以自己的模式成长起来。

驾驶模拟器是一种模拟驾驶的系统。驾驶模拟器和游戏机的硬件（以及底层软件）基本上是相同的。所以，驾驶模拟器可以模拟的范围要广得多。例如，它可能不一定要模拟实体上的移动；它也可以模拟在电子空间中的移动，而所需车辆不一定是汽车。当模拟突破了简单模仿某物的阶段时，一个新的历史阶段就开始了。

当然，机动性是人类的基本需求。日本著名建筑师黑川纪正(Kisho Kurokawa)说过“人是能动的”。通过移动，我们接受到各种信息。这就是为何我们要动。移动不仅仅是物理位移的一个方面。移动也是交流的一个方面。

去年10月，东京大学成立了“零移动”社会合作研究部，日本电装株式会社投资支持。他们成立了一个研究部门来质疑移动的未来。这个研究部旨在从空间移动性、时间移动性和意识移动性三个方面重新思考移动性。这很有趣，因为这意味着像电装这样的汽车业务相关公司开始质疑传统的移动方式。这是一种颠覆性的创新。我很愿意在其他场合谈谈关于零移动项目的研究。

第四节　数据驱动下驾驶培训的探索与思考

赵晓华
北京工业大学教授，博士生导师

赵晓华女士在演讲

赵晓华博士，北京工业大学教授，博士生导师，兼任美国国家交通研究协会（TRB）车辆用户特征委员会委员、交通控制设施委员会委员，世界交通运输大会WTC交通安全与环境学科交通安全分析与改善技术委员会(JT0502)主席，中国道路运输协会机动车驾驶培训分会专家组副组长，《中国公路学报》《交通信息与安全》编委会委员，北京交通工程学会监事、中国公路学会交通工程与信息化分会理事等多个学术团体专家委员会委员。

长期致力于驾驶行为与交通安全、交通信息及控制技术相关研究。目前主要承担项目70余项，包括国家科技支撑计划项目、国家自然科学基金等国家级、省部级项目30余项。荣获包括北京市科学技术奖等省部级及各类协会奖励8项。荣获北京市组织部优秀人才、北京市中青年骨干教师称号。

摘　要

本文概述了数据驱动下驾驶培训的探索，详细分析了基于VR技术的驾校学员培训效果评估，并展望了新型技术和数据驱动给驾驶培训行业带来的新机遇。

一、研究背景

在“交通强国”战略下，信息化和智能化是发展的趋势。数字化是我们整个驾培行业在转型过程中势在必行的工作。

首先是安全问题。安全是一个非常传统且值得关注的问题。目前，机动车驾驶培训行业存在注重评、考结果管理，缺乏过程管理，同时整个培训过程中的意识培养还有一定的发展空间。需要大力发展培训过程方面的感知。

二是新技术之于驾驶培训效果的评估，有了新的技术和新的方向，但是否适合学员养成良好的习惯和安全意识值得探讨。

三是驾驶培训模式的优化。新的技术能够为驾驶培训提供什么样的创新模式也值得探讨和思考。

在这样一个亟待提升的空间下，提出来数字化变革和转型过程中驾驶培训行业出现的三个机遇，一是管理层面，二是培训模式的转变，三是面向学员安全意识的整体提升，以此形成研究框架。一方面需要设计个性化的培训体系，实现个性化教学。第二个方面是基于大数据提升行业的精细化管理服务水平。

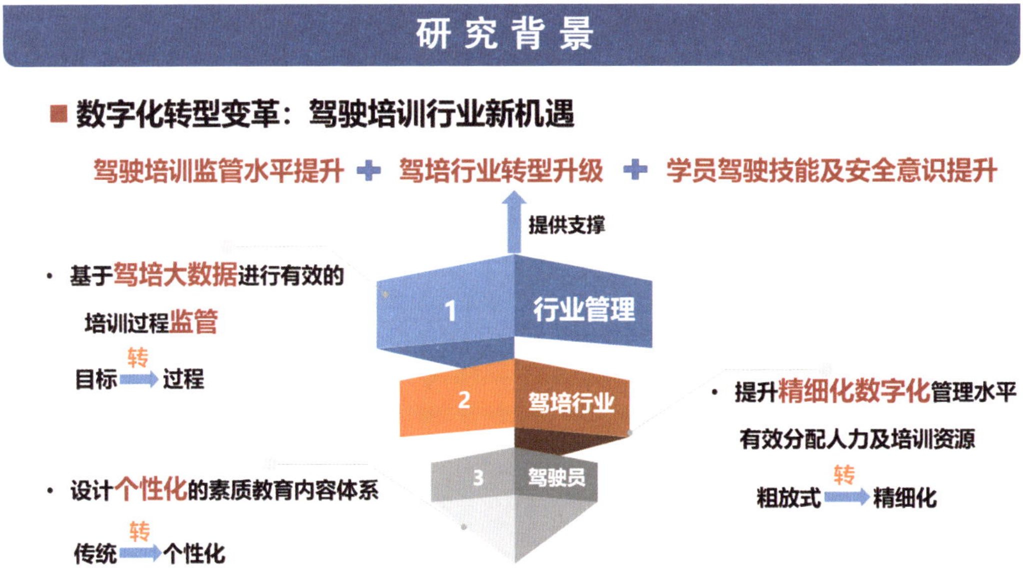

驾培行业数字化转型研究背景

二、总体思路

“五位一体”研究框架。一是数据基础，二是培训模式，三是示范评估，四是推广应用，五是跟踪评价，在评价体系形成之后，需要对后端进行整体的安全性水平跟踪。在数据层面会产生所需的数据，通过应用智能终端，包括机器人教练、VR 驾驶模拟器等以及自然驾驶行为数据；在评价层面上，针对不同对象应该有不同的评价体系和评价指标。目前，更偏重于技能层面，实际上在意识层面上也值得关注。在推广应用层面上，提出 ToB、ToC 和 ToG 为行业带来的潜能。在跟踪层面，由于各种原因目前还有很大的空间，特别是接受培训之后对安全驾驶的提升和违法行为的降低有多大作用需要深入研究。

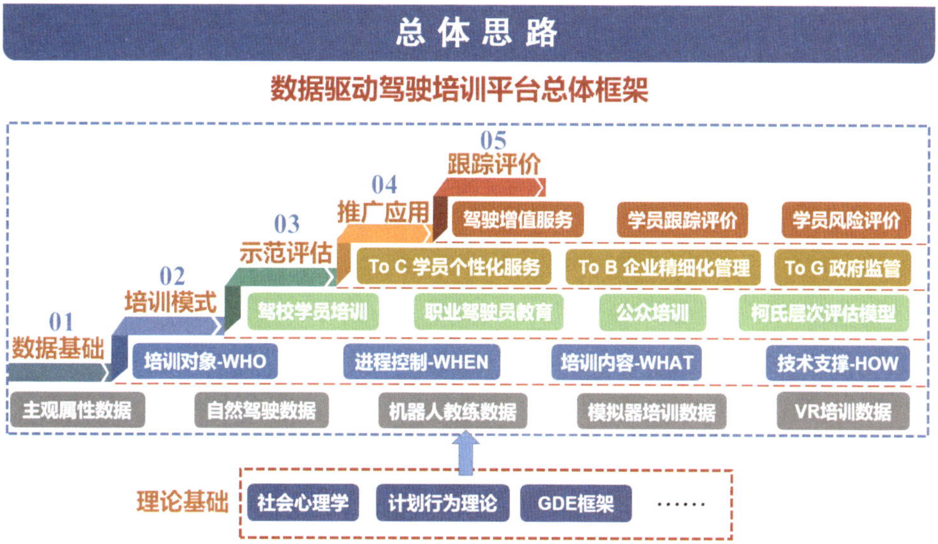

数据驱动驾驶培训平台总体框架

三、关键技术

一是数据层，即多源数据汇聚。不同的人有不同的社会心理基础，这个基础决定了培训方式方法。通过多源数据的汇总、提炼、分析，了解学员是什么样的学习风格、驾驶风格。驾驶人属性是一个多维度的刻画过程，除了驾驶技能之外包括意识形成和个人学习风格等等。

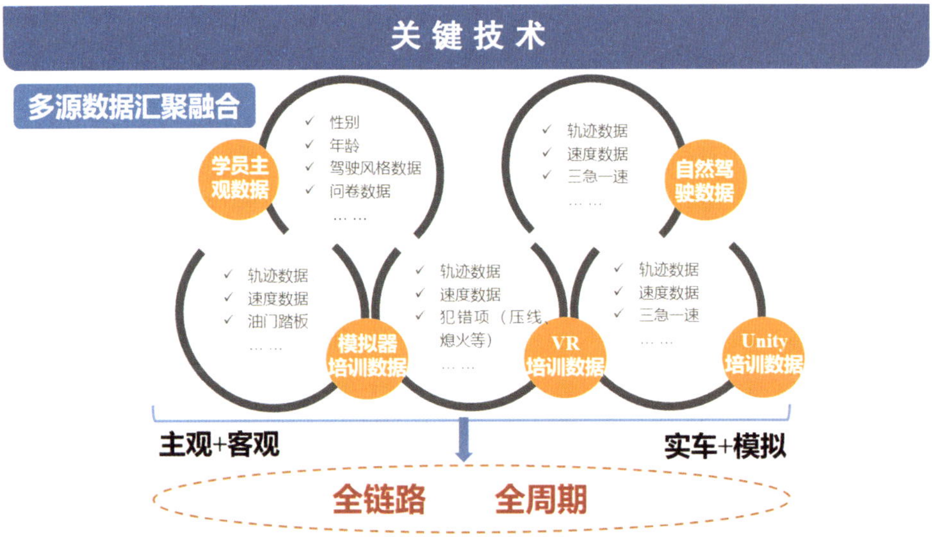

多源数据汇聚融合

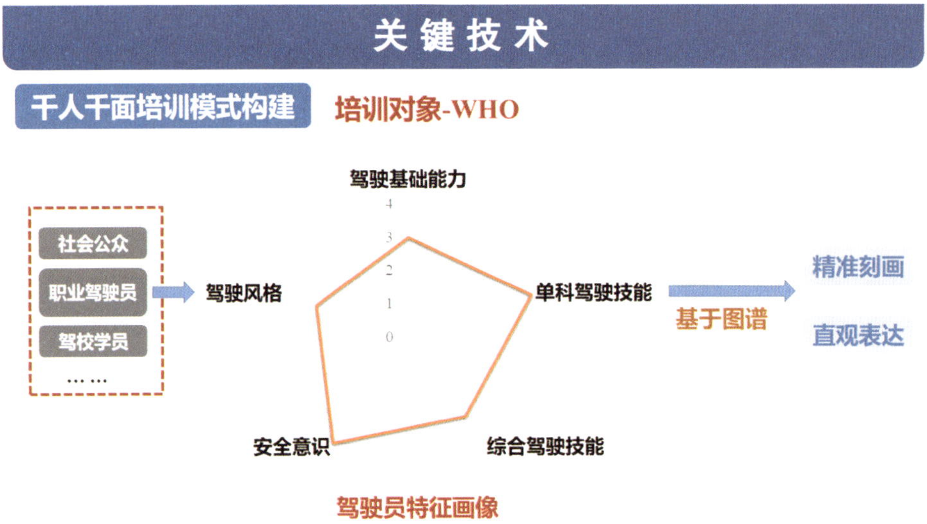

培训对象

二是培训过程，即根据人员分析结果确定培训方式和方法。培训模式构建的过程需要进行量化，驾驶培训的前、中、后阶段以及培训的时长、流程、频次，决定了整个驾培的培训模式，比如不同培训科目采取何种培训方法效果更好。

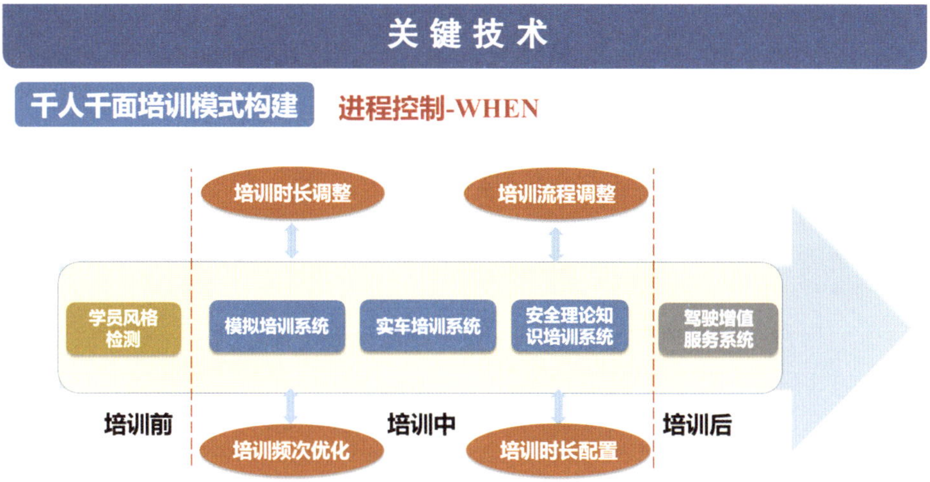

进程控制

三是培训资料，即给予学员的课程。不同的学员学习风格和效果存在差别。培训内容需要从培训大纲的知识点出发转化成培训的脚本。如何采用场景去呈现，运用何种新颖的方式去呈现需要研究设计，这样才能大范围提升培训效果。

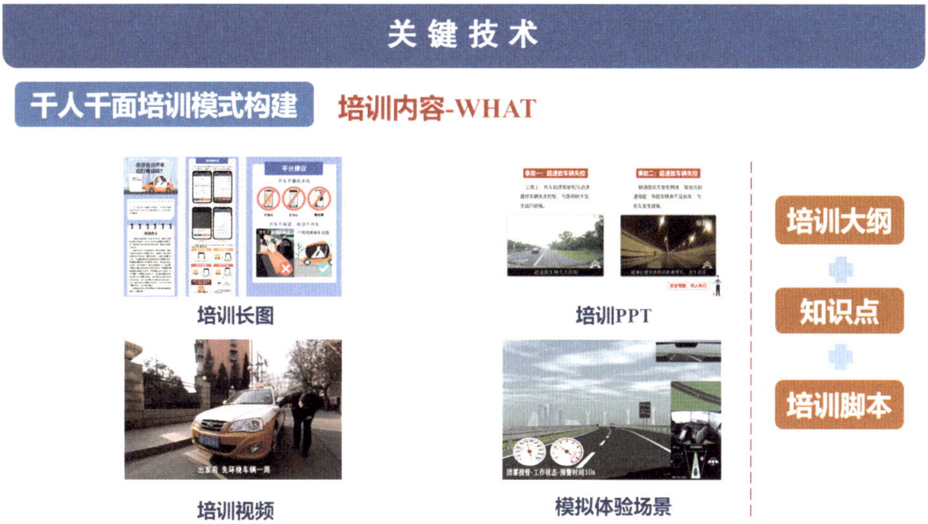

培训内容

四是技术支撑，即智能终端的应用，包括机器人教练和 VR 模拟器，通过虚拟与现实交叉培训数据到自然驾驶数据，获得包括主观和客观层面的信息，支撑驾培内容及模式创新。技术是一切分析的基础和前提，数据的完整性能够提供个性化、差异化和多元化的培训模式。

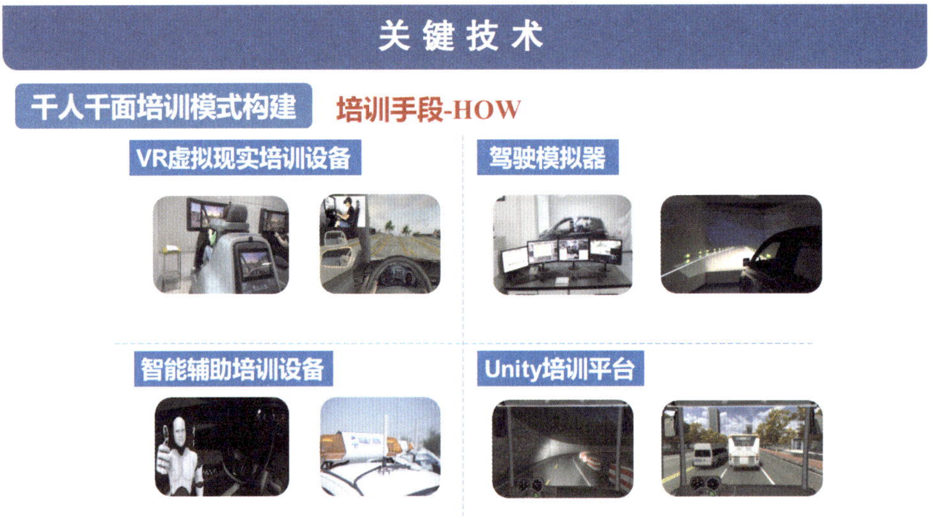

培训手段

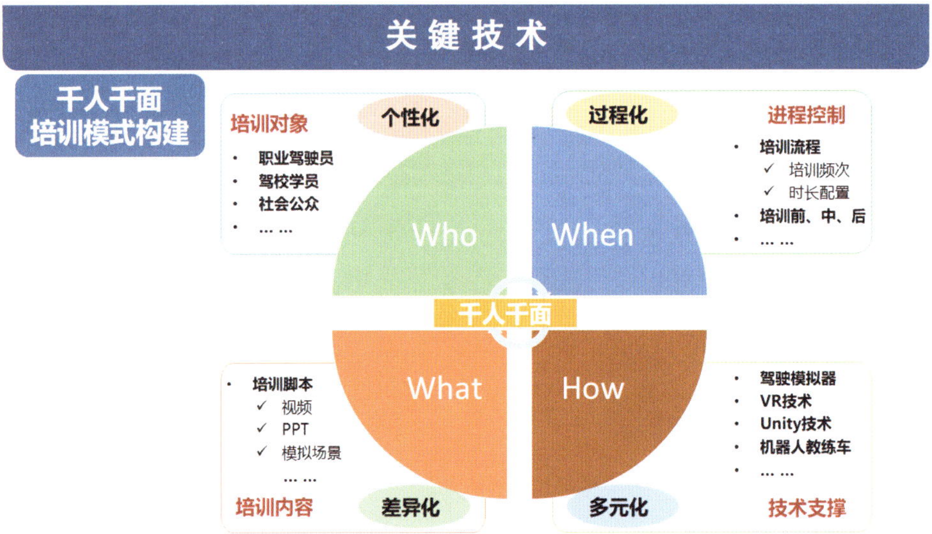

千人千面培训模式构建

柯氏层次评估模型。模型包含四个方面：一是反映层，即感受；二是学习层，即理解；三是行为层，即操作；四是效果层，即成果。

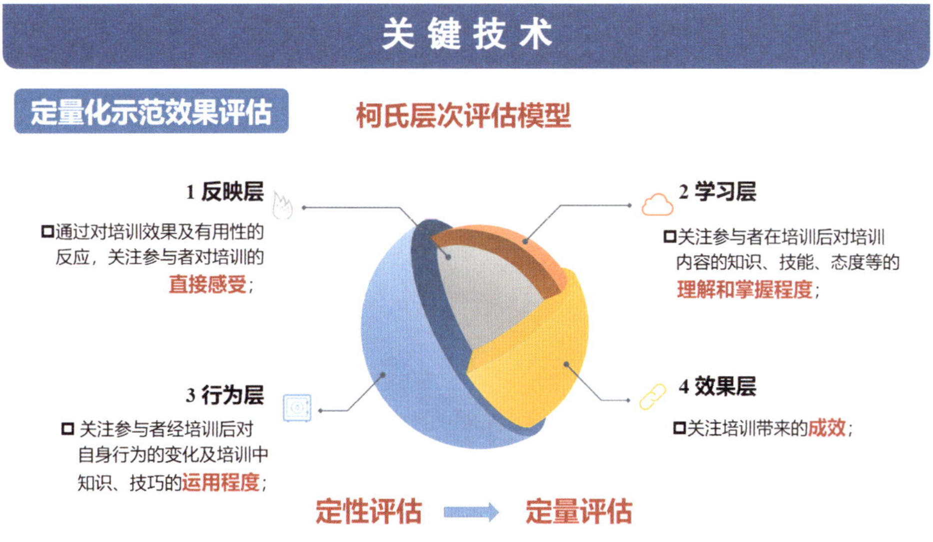

柯氏层次评估模型

ToG、ToB、ToC 有不同的应用重点，为整个驾培行业的发展提供有力支撑。

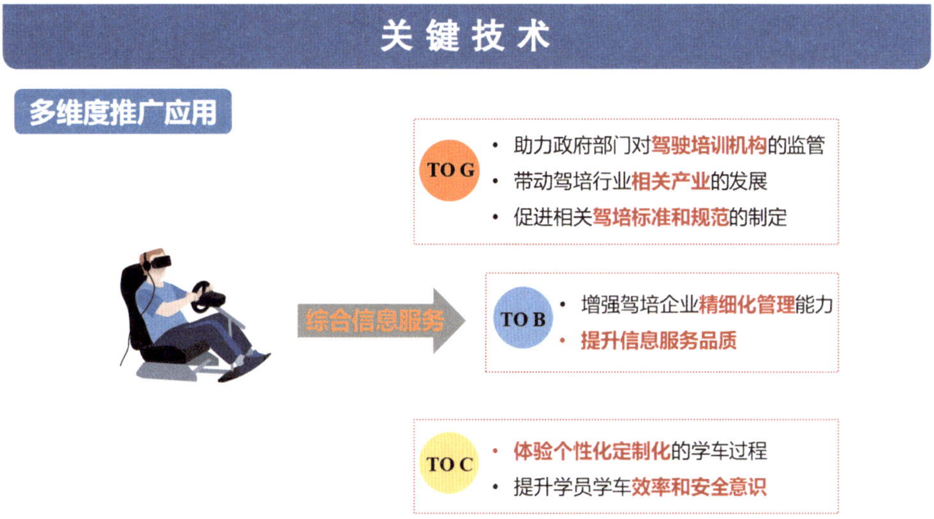

多维度推广应用

全周期跟踪的评价。针对不同的培训可以进行相应的跟踪，跟踪之后倒推培训做实。

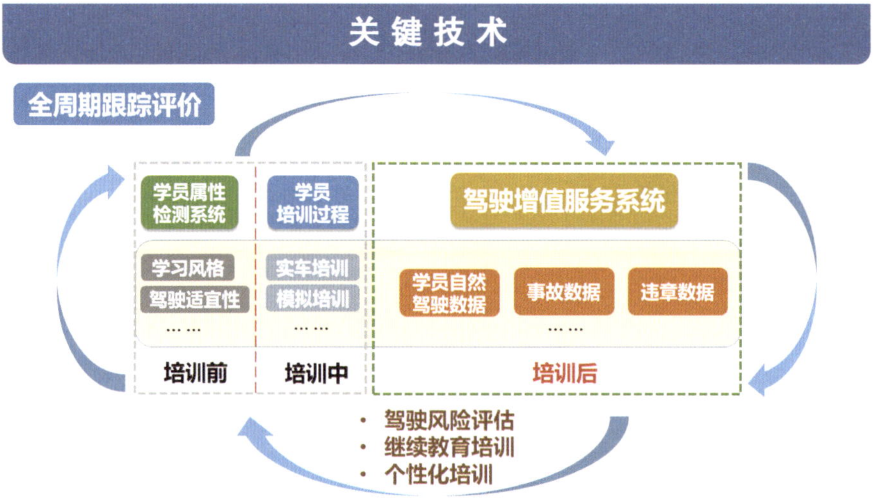

全周期跟踪评价

四、基于驾驶模拟技术的违法驾驶行为培训

基于 TPB 理论提出“知－教－行”培训体系方案。首先让他感知，其次教育，第三告知怎么做，最后让他执行。在执行过程中，通过动态评估形成“知－教－行”的教育体系。

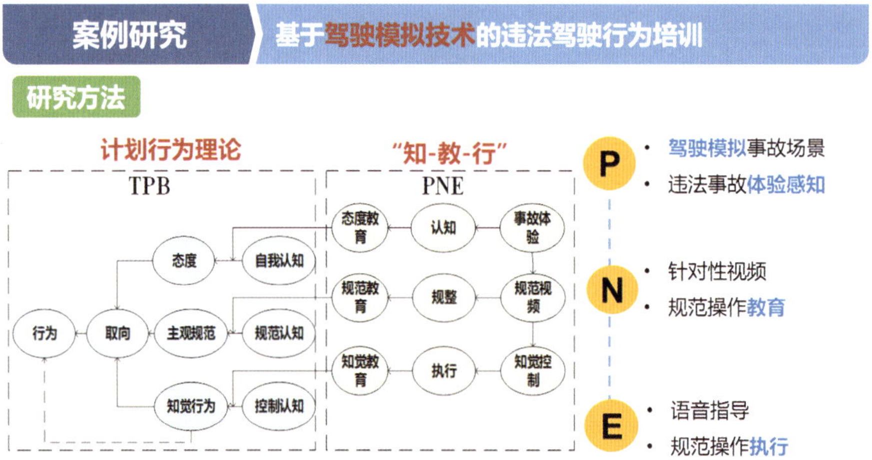

知教行培训体系

通过比对教育前后的分数变化，表征教育的长效性，如图所示，分心驾驶的长效性就不是很好。同时可以看出，短期培训以后会有改良。

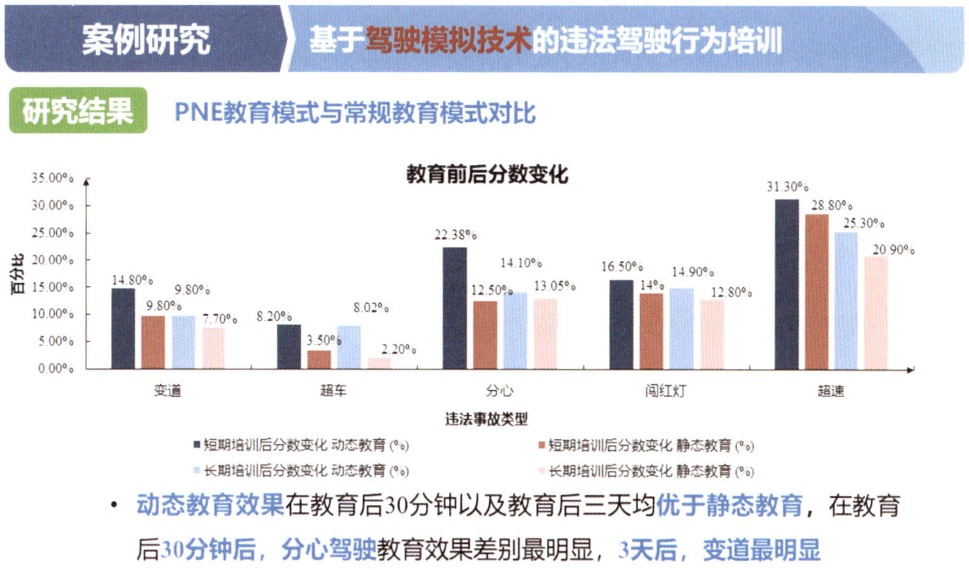

PNE 教育模式与常规教育模式对比

将 PNE 应用到 VR 培训过程中的效果。首先对培训的个体进行分类，包括问卷调查和实操数据分析；第二，分类之后分析在 VR 培训的过程中间，针对不同的场景所呈现出来的特点；第三，培训之后进行评价，即采用柯氏层次评估模型提升科学性。

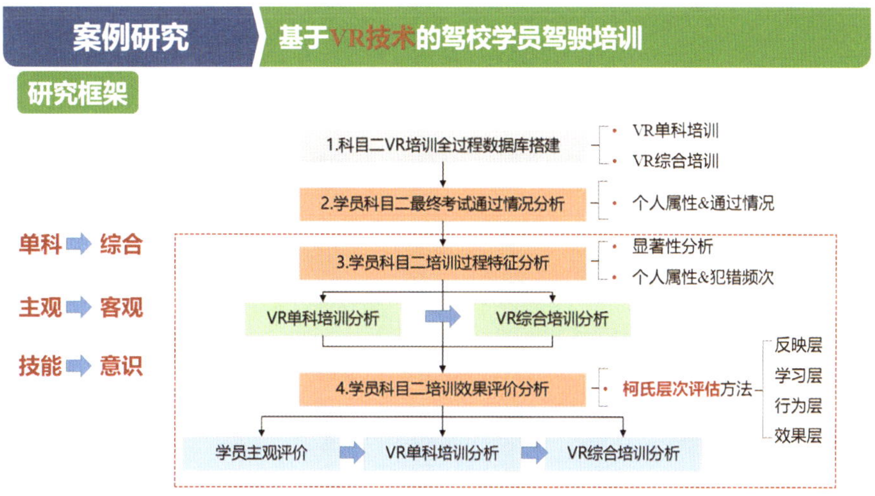

基于 VR 技术的驾驶培训研究框架

通过 VR 模拟技术，针对 260 个学员的 5 个训练项目进行了探索性的分析，形成了 VR 培训行为综合数据库，建立了数据分析指标体系。

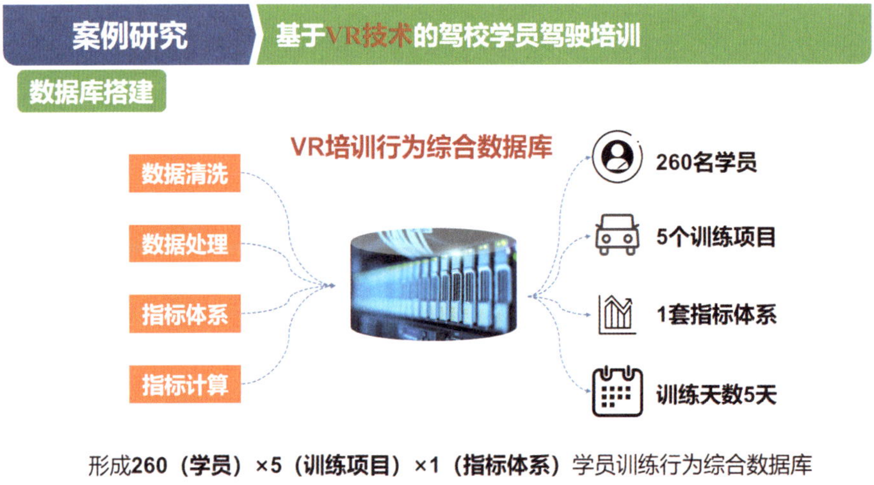

VR 培训行为综合数据库

这个指标体系能够直观地反映学习效果、直接感受、运用程度以及理解和掌握程度，基于这个指标体系，能够为 VR 培训过程带来巨大的潜能。

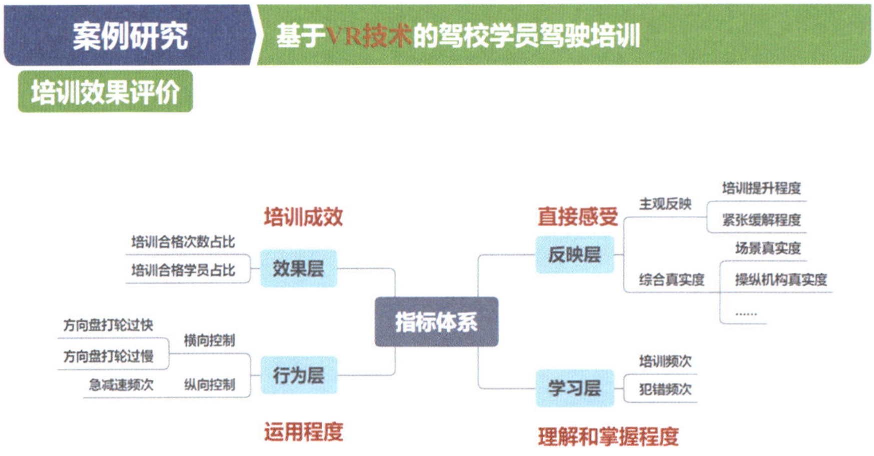

VR 培训效果指标体系

通过真实度和可信度反馈，充分反映了 VR 培训的可行性。

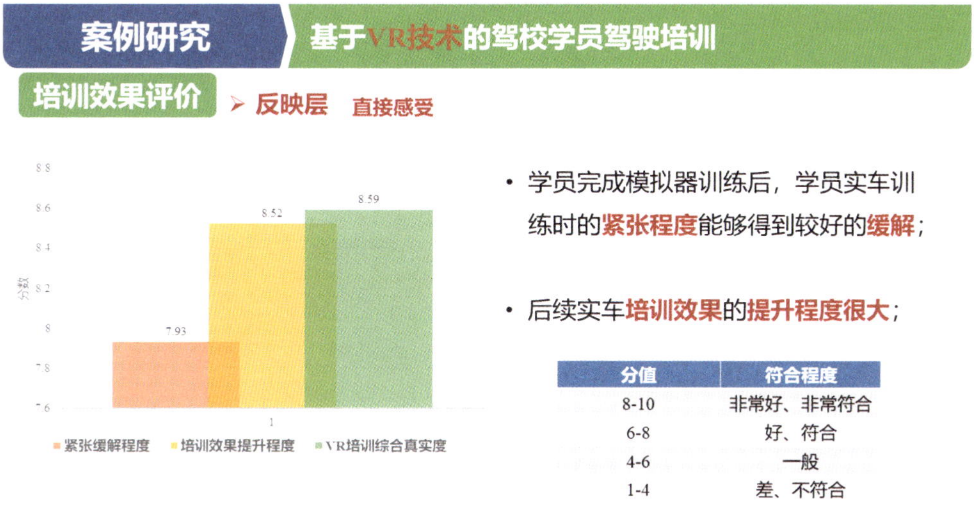

VR 培训的可行性

基于数据分析，发现了现行考试标准要求下的最优培训时长，反映了在培训过程中并非培训时间越长越好，训练频次接近 40 次左右的时候达到最优。

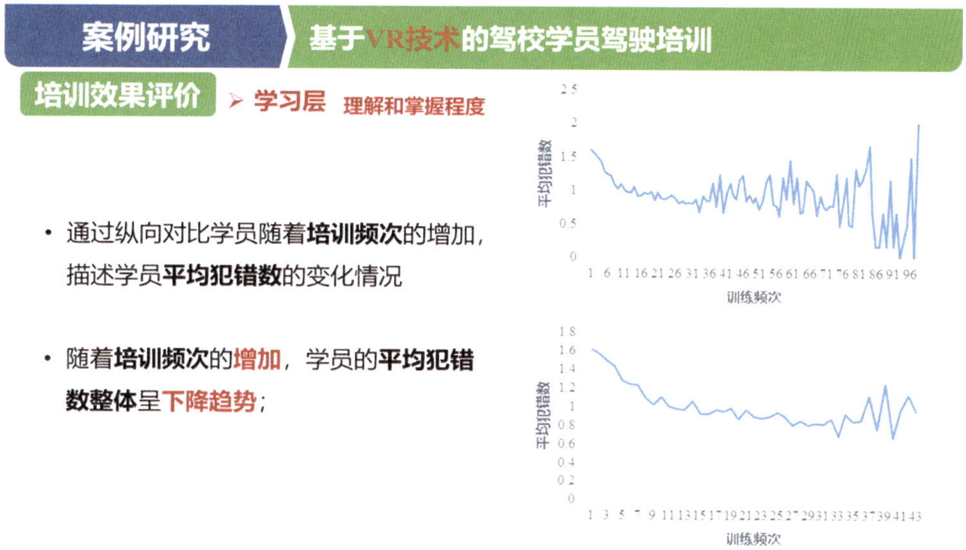

VR 培训频次

五、基于 Unity 的沉浸式超速驾驶行为培训

基于不同的公路等级构建了 Unity 场景来给出风险源的辨识，考核被试人员

能否辨识风险源。视频可以实现全网的展示，特别是面向年轻人进行大面积的推广。经过这样的培训，能够提升驾驶人的安全意识以及保持教育效果的长效性。

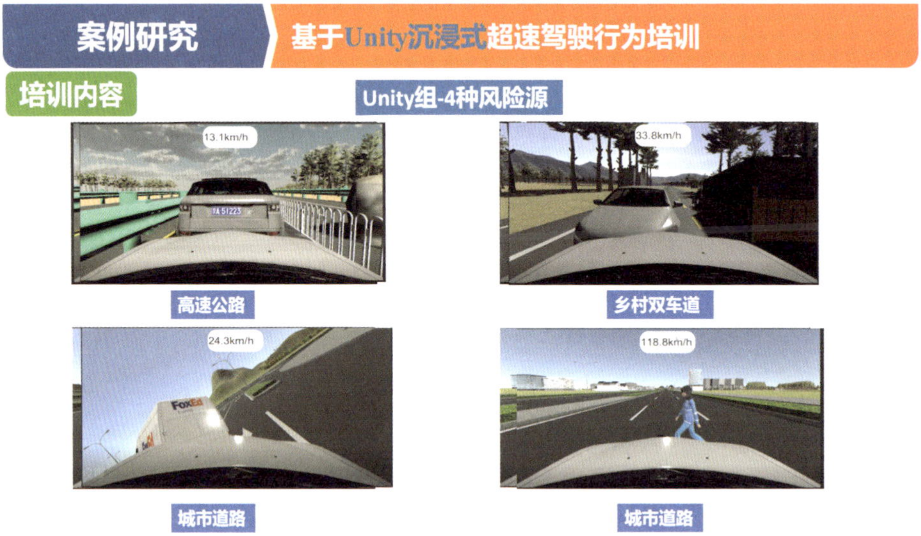

基于 Unity 的风险源识别

第五节 自动驾驶下的驾驶培训转型

纪尧姆·德沃歇尔 (Guillaume Devauchelle)(法国)
法国工程院院士

纪尧姆·德沃歇尔先生在线上演讲

法国汽车配件研制公司、法国自动驾驶汽车研发公司——法雷奥副总裁兼技术创新总监。2000年加盟法雷奥，2017年被选为法国工程院院士。

摘 要

本文主要介绍了自动驾驶智能化和安全性对驾校培训转型和升级的思考，同时探讨了自动驾驶对驾驶安全教育的新要求。

人们从一开始就认为驾驶汽车是需要特定知识和技能的技术性工作，并且这些知识和技能需要由驾照认证。早期的主要挑战是保持发动机运转和进行日常维护。对此，法国人记忆犹新，“驾驶人”这个词（字面意思是给发动机供给燃料的人）沿用至今。

如今，维修车辆的能力不再是必须的，但应对交通状况就要复杂得多。几十年来，驾驶人全权负责操作，而机器则以可预测的方式像奴隶一样做出响应。不幸的是，人无完人。大多数交通事故都是人为错误造成的。驾驶辅助功能（ADAS）可在棘手的情况下为驾驶人提供支持。自动驾驶（以下简称“AD”）显著改善了这种情况。AD 在这里特指的是国际自动机工程师学会（原译“美国汽车工程师学会”，以下直接按惯例使用其缩写“SAE”）分级体系的 L3 级及以上的自动驾驶。

目前的驾驶证和相关培训，主要侧重驾驶人正确检测道路环境，预测其他交通参与者（驾驶人、骑自行车者、行人等）的行为以及采取适当决定和行动，以安全到达目的地的能力。汽车不仅是一个技术对象，还是一个社会对象。安全驾驶需要一些理论学习和广泛的培训才能掌握。一旦获得这种技能，就需要不断地练习。20 多年来，防抱死制动系统（ABS）、电子稳定控制程序（ESP）和其他驾驶辅助功能（ADAS）通过各种传感器增强了驾驶人的感知能力，提供警告，甚至在紧急制动等最危急情况下接管对汽车的控制权。经过一些激烈的争议，它们越来越有效和可靠，并被广泛接受。自适应巡航控制和自动泊车功能现在很流行，许多驾驶人喜欢 SAE 的 L1 级和 L2 级自动驾驶功能。自动化和连接性是无可争议的趋势。SAE 的 L3 级自动驾驶被视为一项突破，随着自动驾驶的广泛应用，潜在好处越来越多地显现，但新的问题也随之而来。

在驾驶人层面：驾驶技能丧失、过度自信、在意外事件或系统故障后，很难收回对汽车的控制权。驾驶技能必须通过适当的培训才能获得相应的发展。最关键的是要让驾驶人随时掌握情况，轻松收回对汽车的控制权。驾驶培训行业必须转变，不仅要充分利用辅助驾驶功能，还要赢得公众的信任。完全自动驾驶模式在不久的将来将被社会公众使用，但会限于某些特定“操作区域”。首先是高速公路自动化、低速交通拥堵、停车操作等。为了达到预期的安全水平，系统必须处理种类繁多的情况，包括非常罕见的情况。它们变得非常复杂，使用人工智能等复杂技术，却无法实现“零缺陷”。无论性能如何，驾驶人都必须不时收回对汽车的控制权。存在的矛盾是：系统越复杂，性能越好，但公众也越难理解其功能和局限性。

在自动驾驶系统意外断开连接的情况下，驾驶人应该具备什么能力才能做出适当反应呢？交通运输部门在提高自动化程度的同时也面临着同样的困难，并制定了具体规则。自动地铁驾驶人的主要工作是监控乘客上下车。他们需要在大多数时间里手动操作地铁，而不是丢掉驾驶技能。同时，还需要常规的自动装置检查。即使有越来越多的自动化飞机，但也需要有两个人负责，一个正机长和一个副机长。他们受过长期训练，并且只能驾驶特定类型飞机。大量使用模拟技术来测试所有可能出现的问题，包括非常罕见的问题。飞行员必须学习并严格遵守预先确定的程序。汽车行业还制定了具体规则，以便在有“安全驾驶人”的情况下，在公共道路上测试自动驾驶汽车。安全驾驶人对系统有深刻的理解，并接受过处理紧急情况的专门培训，主管部门向其提供特定且有限的授权。在这三种情况下，这些规则仅适用于专业驾驶人，因此公众很难接受。

实际上，在使用 AD 功能时，驾驶人将不得不处理 4 种不同的情况：手动模式、AD、AD 启用和收回控制权。其他道路使用者都必须了解 AD 汽车的反应，这与人们驾驶的普通汽车不同。在强大的 ADAS 协助下，手动模式却变得更容易。启用和运行 AD 模式需要很好地了解 AD 系统的功能和限制，以提前切换手动模式。

现在 NCAP（新车碰撞测试）评级不仅可以评估 AD 系统的技术性能，还可以评估驾驶人保持警惕和了解路面情况的能力。工程师不能想当然地认为驾驶人能够执行“规定行为”，其实驾驶人有各种各样且不断变化的特征：年轻、成熟或年老的驾驶人，放松或压力大，疲倦，昏昏欲睡，接听电话，面对意外情况等等，极端且罕见的行为（醉酒、吸毒、精神障碍等）更应考虑在内。这超越了传统的人机界面的概念。

驾驶人监控可以部分地解决问题，为 AD 系统提供个人数据，使其实时适应实际驾驶人的驾驶能力。以一个简单的车道保持功能为例：这个功能要监控驾驶人将手放在转向盘上，如果手离开，该功能会警告且断开连接 。内部摄像头和雷达提供了更多的可能性，例如眼动监测或健康监测。这些硬件和功能正在迅速推广，为手动模式带来额外的安全性和舒适性。其中一些正在成为强制性配置。这些硬件和功能可用于了解驾驶人在各种情况面前的反应。它们根据日常经验提供反馈以获得改进。可能性是无限的，但引发了有关道德和隐私的问题。

AD 系统、驾驶人、乘客和其他车外道路使用者之间的互动，对于带来安全和信心至关重要。显然，这需要双方训练。这是用户体验设计师的挑战。如何给人信心？相关信息是什么？ AD 是否应该模仿人类驾驶人的行为？ AD 应该担任驾驶人的教练吗？模拟是否应该凌驾于传统的道路实践？这些仍然是悬而未决的问题，也是非常有趣的研究领域，即将以人为本的社会科学与技术和人工智能（AI）相结合。这方面的先行尝试已开始。为了提高驾驶信心，大多数汽车在中央屏幕上显示轨迹，预测会发生什么。特斯拉的AD系统Tesla Autopilot显示汽车如何感知环境。预测能力是必须的。但驾驶体验应保持畅通无阻：AD驾驶人不是战斗机飞行员!

发展史不长的汽车行业花了数年时间才摆脱马车设计。当前的汽车仪表仍然显示许多由来已久但近乎无用的信息（转速表、油压和温度等）。科技提供了一种可能性。可以根据驾驶人的个人需求和汽车传感器检测到的外部环境将汽车制造商提供的固定人机界面（HMI）设计替换为可配置的人机界面（HMI）设计。

联网汽车提供来自其他汽车和交通部门的额外信息。在人工智能（AI）的协助下，汽车经过训练可以兼顾这些非常广泛的信息。这种机器学习可以在各个社区之间共享。

在我看来，AD 的真正新颖之处在于用一种更微妙的关系取代当前驾驶人与机器的交互。驾驶人和 AD 车辆可以吸取以前的经验共同学习，以全局方式感知情况并相应地进行交互。在某种程度上，这看起来像是马车驾驶人和动物之间的关系。在安全舒适地操作之前，需要进行长期的相互培训。需要几代人的时间相互适应，每个新来者（人类和动物）都必须经历一个漫长的入门阶段。

如今，一切都变得更快，一个年代迭代时间可能只有 18 个月左右。想要有一个稳定的方法来操作AD，并且该方法应该适用每个人，需要一些条件才能实现。技术提供商提出建议，即提供“独特”的体验以销售产品；沟通有助于互信；法规需要足够灵活，允许采用这种实验性方法。归根结底，需要一个总体框架，包括由主管部门设置的培训，才能推广使用。

第六节　数智化
——一场百万驾培人战略跃迁的硬寨呆仗

段桂江
北京航空航天大学　教授

段桂江先生在演讲

北京航空航天大学教授、易显智能科技首席科学家，国家科技进步奖、北京市青年科技奖、中国航空青年科技奖获得者，北京市科技新星、教育部新世纪优秀人才。

摘　要

人工智能通过与驾培场景深度融合，驱动驾培经营向数智化、自动化转型，正在成为践行“产业数智化”的新动力。加快新一代信息技术与新一代人工智能技术在驾培行业的落地应用，赋能驾培机构，打造数字经济时代驾培产业新优势，就能促进驾培产业由传统人工模式向数智化模式的跨代跃迁。

一、我们是谁？对于百万驾培人使命密码之再解读

为什么强调是再解读呢？因为关于驾培人的使命已经有了很多很多的解读，下图列出来的是最经典的解读，我们都很受用这样的身份定位。我问一下，我们做得更好吗？

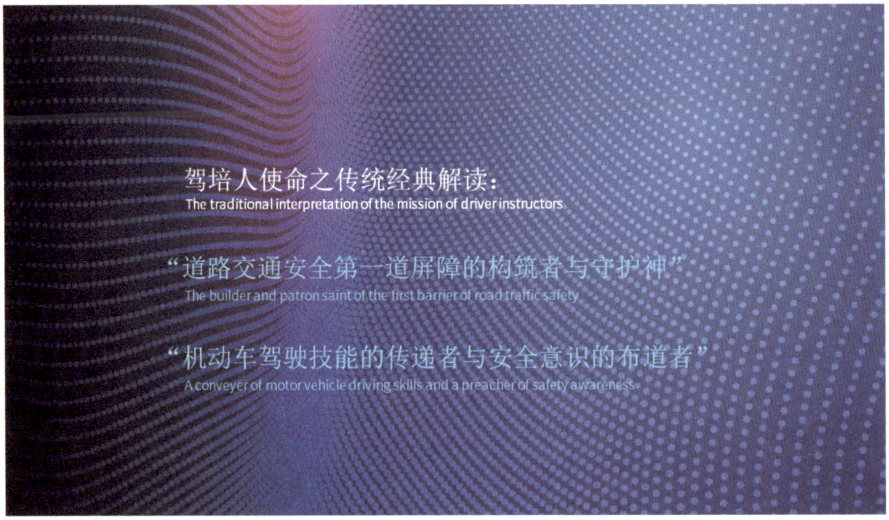

驾培人使命之传统经典解读

最近这几年大家广为引用的世界卫生组织 2018 年全球道路交通安全报告显示：“全球每年死于道路交通事故的人数达 135 万人 平均每天有 3700 人死于道路交通事故。”这个报告里面尽管数据统计口径有争议，但是暂且用这个数据。我们驾培人看在心里也很心痛，是什么导致驾培人这种力不从心？答案或许就是在咱们这次论坛的主题上，科技与驾培、科技与安全。在过去对于科技在驾培领域的应用重视的还不够，因为科技的应用永远没有终点。

大家经常引用的一个说法，90% 或 95% 的交通事故源于不良的驾驶行为习惯。行为习惯是一个具有非常科学属性的说法。行为习惯在心理学上是一种自动化的行动方式，人和动物都有。它是在一定时间内逐渐养成的，和条件反射系统的建立有密切关系。它不仅仅是自动化的动作或行为，也包括人的大脑里的情感。几位专家强调了人的内心对交通安全的影响。基于这样的定义，可以把驾培的使命，基于科学的视角做一个更深层次的解读：驾培就是基于道路运输安全视角，对相关的个体

和群体的思维认知与肌肉记忆的集成塑造。通俗地讲，要解决受训者的两个意识，一是潜意识，如何在个体与人群内心深处植入对交通安全的本能的敬畏；二是下意识，如何帮助个体养成安全驾驶的一系列“下意识”的肌肉记忆。机动车驾驶是在高速行驶下进行的，一秒可以走 16 米，很多安全动作和思维方式只有一瞬间，要把它变成人的肌肉记忆要解决两个问题，一个是身的问题，一个是心的问题。

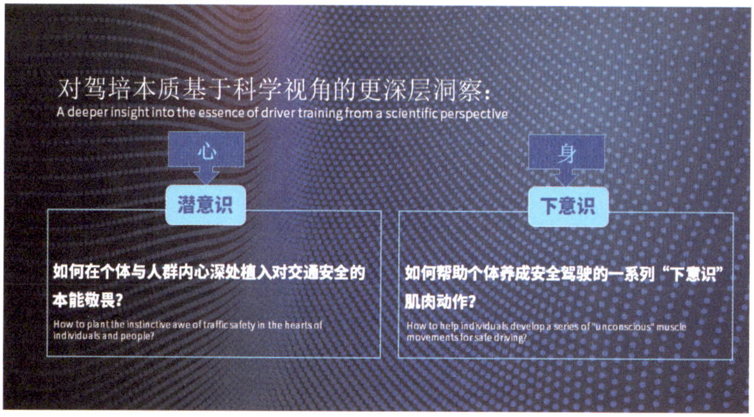

对驾培本质基于科学视角的更深层洞察

我们培训的是成年人。过去驾培人通常的手段是什么呢？试图依靠道德的说教将“安全文明意识”强加于人。试图通过千人一面的统一教程将“肌肉记忆”复制到每一个差异化的个体。我们过去的驾培对于身与心的融合缺乏关注。知行合一是驾驶的最高境界，把身和心分开来谈就做不到知行合一。

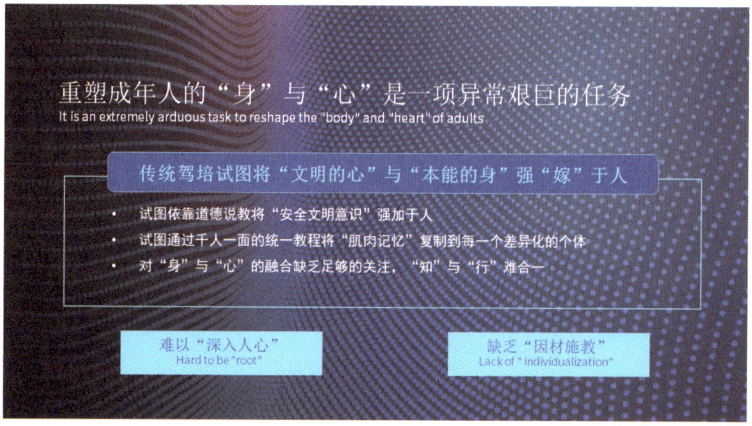

传统驾培的问题

答案在哪里？我们都可以看到，不管是淘宝也好、滴滴也好、头条也好、抖音也好，都在改变我们的生活，在吸引着人们不停去看。改变我们生活，他们所依靠背后的技术是什么呢？无非就是数字化和智能化。我们驾培人在这个时代不应该也不可能游离在这样的时代技术之外。

二、什么是数智化驾培？为什么要数智化驾培？

对数智化驾培下一个定义的话，可以用很简单的图来表示：驾培就是数字化、数据化、智能化与传统驾培的深度融合。大家忽略的就是数据化，只有具备了数字化、数据化，才能谈得上智能化的驾培。如何来推动数智化呢？数智化驾培的使命和内涵是要借助数字化、数据化、智能化技术的综合赋能，拓展施训者与受训者的感知、交互、认知、自省能力，并赋予上述能力的持续演进机制。数智化驾培，借助数与智的力量，将安全元素科学植入安全交通文明体系中的每一个个体和群体，以改变我们的交通。

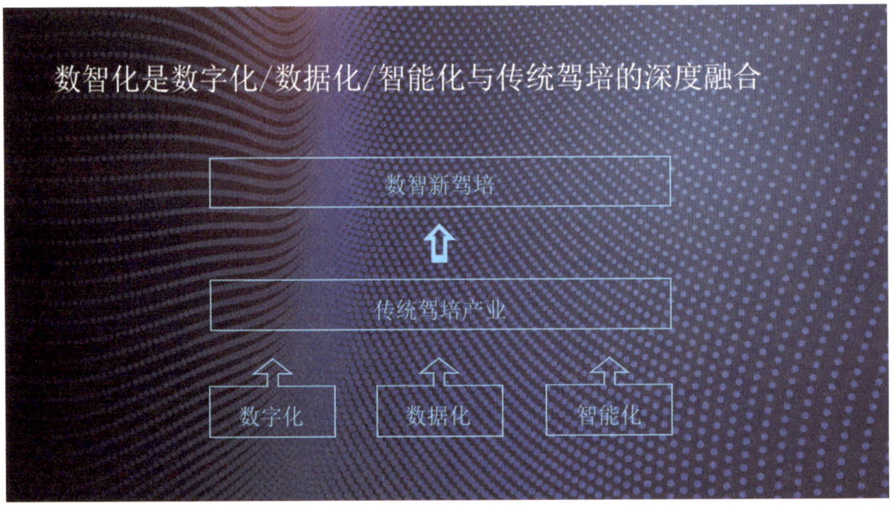

数智化驾培

整个运行的机制，可以用一个数智互哺演进螺旋来表示。专家们介绍了数字化的驾培技术，基于数字化的驾培技术，可以通过数字化的感知对驾培人的行为状态、周边环境进行感知和获取，经过 VR、AR、多媒体语音交互技术，更高效地向学员传递驾驶技能，传递应激驾驶的场景以及各种灾难的后果。通过这样的技术植入，把安全驾驶的技术植入每一个受训学员的内心深处。经过数字化的控制技术，可以实现无人场景下的安全制动、自动示范教学。

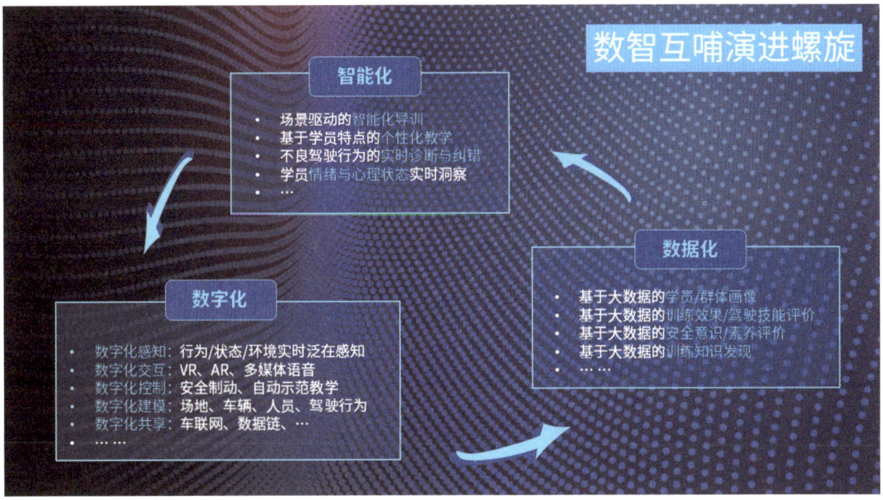

数智互哺演进螺旋

机器人教练可以自己开车，一边开一边教学员掌握驾驶技能，这是数智化的控制技能。利用数字化的建模技术，利用场地、人员，通过数字化共享技术，实现车联网和数据链。有了数字化自然有了数据，当数据积累到一定程度的时候，可以基于大数据做很多工作，例如对学员以及某个群体的学员进行画像，做出预判，可以对训练的效果、驾驶技能进行评价，可以对安全意识、素养进行评价，可以基于大数据训练知识发现。把这些知识固化到基于机器学习的机器大脑里面，能够实现基于学员个性化的教学、不良行为的实时纠正与纠错、学员的心理状态的洞察，这个力量是很大的。下面举一个例子，场景驱动的智能化导训。这样一个过程，数字化赋能数据化，数据化赋能智能化，智能化反哺数字化。

这样一个过程，如何驱动、如何构建呢？这些年做了很多尝试。首先是构建了一个驾驶能力的“五维评价模型”，这个能力模型有机件操控力、速度掌控力、启动掌控力、应急反应力、空间感知力。然后，构建了驾驶行为大数据、数据分析引擎、智能教学引擎，形成了驾驶行为感知系统、智能人机交互系统、智能安全防控系统、驾驶能力评价系统、安全习惯养成系统、个性化课程系统，这就达成了数智驾培运行层。这两个应用层在运行过程中，把获取到的数据反哺到核心层，可以形成迭代、演进。

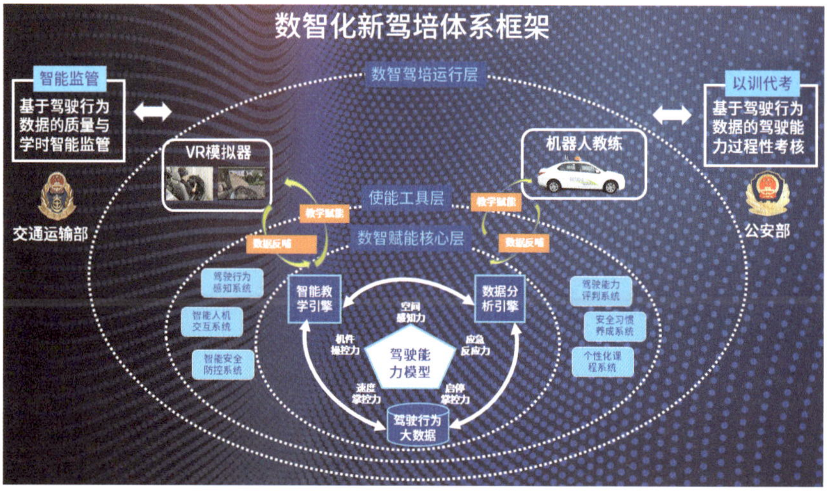

数智化新驾培体系框架

我们有两个大胆的设想：第一是基于驾驶行为数据的质量与学时智能监管，就是智能监管。第二是基于驾驶行为数据的驾驶能力过程性考核，就是以训代考。接下来通过这些实际案例跟大家分享我们过去围绕“智教自练园”体系做的工作。这个是在北京，我们和东方时尚在北京、云南、山东、湖北、内蒙、湖南建立了智教自练园，7×24 小时不间断练车。

智教自练园

以东方时尚智教自练园（北京）为例，占地3000亩，VR训练模拟器近千台。这样的智教自练园运行模式是什么样的呢？主要是VR（虚拟现实）+机器人教练的无缝衔接。学员在模拟器练车的数据可以传输到机器人教练上，来进行有针对性的千人千面的智能导训，学时利用率大大提升。同时，借助VR去植入各种应急场景，可以实现7×24小时全程无人化自主训练，这使得教练员人数大幅缩减。

东方时尚智教自练园（北京）

另外一个特点就是场景驱动的个性化智能教学。数据驱动的千人千面个性化教学，自动驾驶示范教学，安全习惯强制养成机制，智能安全防控大幅度降低训练事故率。上了机器人教练之后，修车的费用比人工的时候低了。

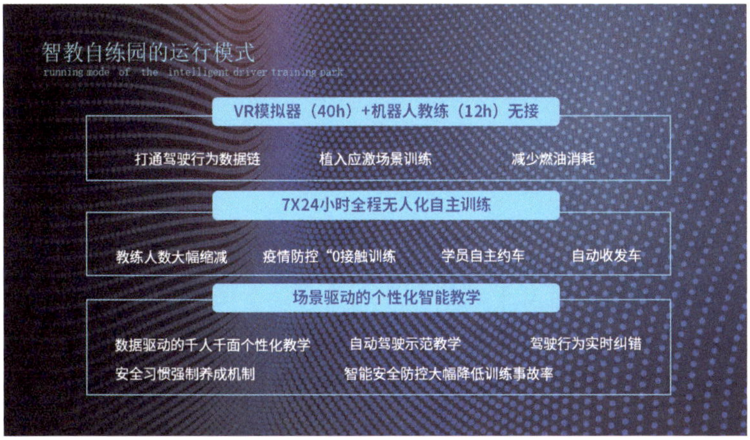

智教自练园的运行模式

下面就是智教自练园 AI 智能机器人教练，能够实现自动约车、自动接驾、自动示范教学、行人障碍识别、交叉打方向盘实时纠错、分心驾驶唐僧式提醒、双手关车门习惯强制养成。这样的一套机制的运行效率很高，从 11 月开园以来，培训了 20 万以上的学员，合格率得到提升，车辆稼动率得到提升，还实现了降碳的目标。目前有 150 家驾校，用这样的智教自练园已经训练出来了 100 多万名合格的学员。

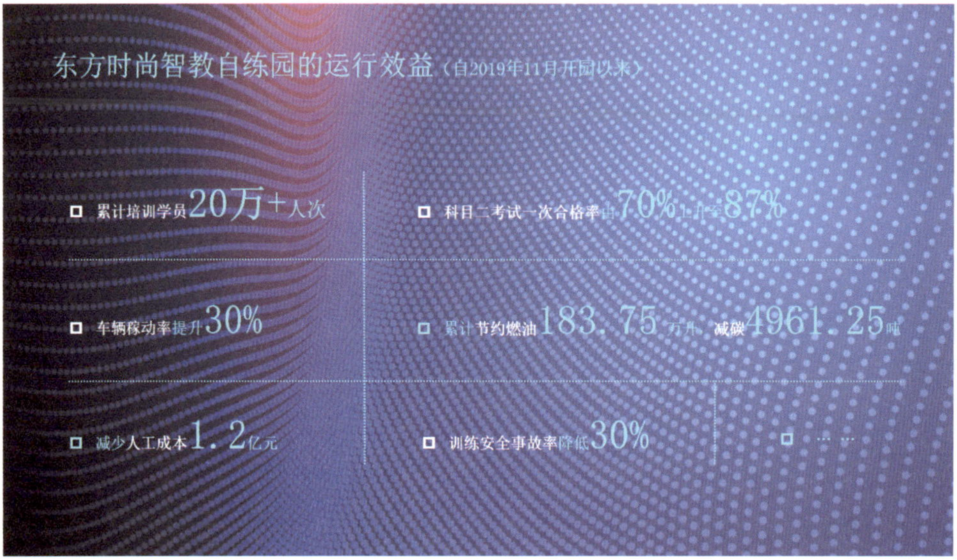

东方时尚智教自练园的运行效益

三、如何数智化?

数智化驾培很好，可是怎么能够做好数智化驾培，中国驾培行业如何完成数智化的转型升级呢？中国驾培产业的数智化的产业转型升级是一场持久战。我们有世界上绝无仅有的超级巨无霸驾校数量，一共有 1.9 万所驾校。虽然这么大的体量，但数智化的基础非常薄弱。首先是行业的认知水平，对于数智化驾培还有不清晰的认识，还有一些害怕的心态。此外，行业对于能够去支撑数智化运营的人才是严重不足的。这就导致数智化驾培驾校的覆盖率才 0.71%，机器人教练车覆盖率才 0.38%。全国性的政策也有待跟进。在走数智化转型的过程当中，我有一个感悟，要搞数智化，数字化是基础，数据化是手段，智能化是表现。首先要夯实数字化驾培的基础，不要在尚不扎实的数字化的基础上追逐数据化、数智化。

中国驾培行业的数智化转型堪称世界级的大难题，也是中国驾培行业为人类道路运输安全做出世界级贡献的大机遇。我们谁来承担驾培行业的数智化转型的主体责任呢？有四方面。一是驾培机构。要不断地拥抱、接受这场变革，接受机器人教练。二是技术赋能者，也就是我们所做的工作，要做推进剂，不做助燃剂，而不要把基于评判的驾考系统包装成机器人教练。同时呼应曾诚主任的观点，技术是用来用的，不是用来炫的，要坚持技术先进性与使用性的统一。三是驾培监管部门，要政策扶持、标准先行、特区示范。四是驾驶资格监管部门，尽早启动以训代考的可行性，研究与可信性跟踪评价。

第七节 科创征程 千种担当

张　雷
千种幻影创始人

张雷先生在演讲

千种幻影创始人、日本留学归国连续创业者，专注于推动虚拟现实技术、人工智能技术在驾驶人培训的应用与转化。

摘　要

在“十四五”纲要的指导下，各行各业正在加快数字化进程。驾培行业在数字化进程中仍然要回到最初的初心——如何能够更有效的解决交通安全问题，这也是全世界的共同议题。据统计，驾驶人的行为是造成交通事故的主要原因，在解决驾驶人学习问题、驾培机构教学问题以及两者之间协同的问题上，虚拟现实技术因其沉浸性和交互性成为解决上述问题的重要方法。在已经产生新技术的背景下，我们的行业是否已经准备好了呢？放眼全球，千种幻影作为全球首家在驾驶培训行业系统化应用虚拟现实技术的企业，已经率先飘扬出海，未来与国际伙伴开展合作，更好促进国内国际双循环，共同推动全球交通安全文明发展。

一、驾培行业的数字化发展契机

“十四五”规划中，把虚拟现实和增强现实作为发展数字经济的重要产业之一。王丽梅会长提到，数字化不仅仅是用于生产端、治理端，我们社会经营的各个行业都需要数字化去赋能，所以就会形成数据的价值化，最终形成相应的数字产业化。

通过数字化实现了什么呢？首先，数据可以“公开”；其次，数据的“公开”从而实现了“公平”；进而因为竞争的“公平”才会有了良好运转的“公正”，所以，数字化是加快信用中国和行业治理以及运营提升的重要推手。

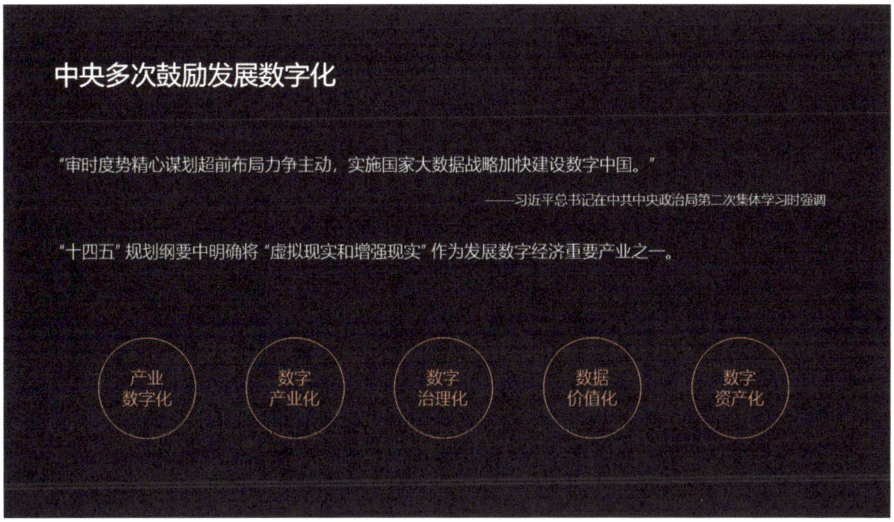

中央政策的鼓励

2016年，VR技术停留在初步体验，只能在线下的商场戴戴VR眼镜进行感受。当下随着相应的软硬件生态的完善，已经达到了部分沉浸，所以政府管理部门围绕虚拟现实技术给予各行各业带来的改革和提升的机会进行了政策上的鼓励。

二、数字化转型是驾培行业发展的大势所趋

目前，我们国家有1.9万家驾校，行业已经是供大于求，同质化竞争非常严重。除了相应的价格竞争之外，差异化、品牌化、数字化的能力是当下驾培行业经营者需要去寻找的“蓝海”，“数字化转型是驾培行业大势所趋”。数字化是一个重大

的趋势，我们可以看到，无论是高铁还是飞机出行，已经不再需要拿一张纸质票了，配合电子二维码和进行人脸识别可以快速通过。

三、不了解 Z 时代用户，将会被时代所抛弃

在驾校经营里，应思考的第一个问题就是驾校的经营半径，掣肘于物理上经营半径的限制，驾校如果在城南，那么很可能失去城北的用户，那么驾校能为这些用户创造什么价值才能吸引到这部分潜在客户呢？数字化是可以赋予它更多价值的。第二个问题则是从企业运营的角度，通过数据驱动和管理，通过大数据去分析用户想要什么，这样才能进行综合的治理。

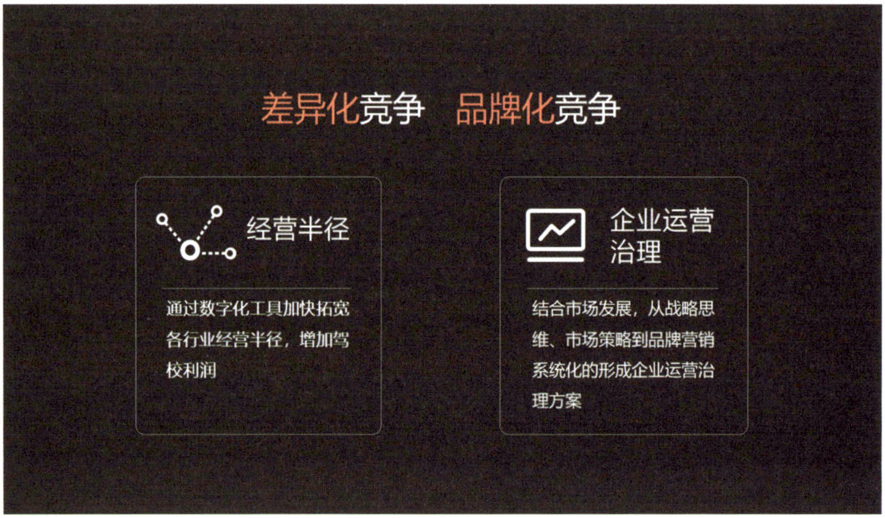

差异化和品牌化竞争

现在的核心用户我们称之为 Z 时代，这是从 1995 年到 2009 年出生的一代，他们已经成为我们国家重要的消费群体，是我们重要的用户。我分享一个案例，什么叫 Z 时代的消费升级。左边是统一的方便面，单价 5 元，右侧是网红的方便面，叫拉面说，单价是 20 元。请问为什么 Z 时代用户更愿意选择 20 元的拉面说呢？是因为拉面说升级了它的品牌、打造了自己的 IP，所以它的售价和空间才可能被大家所接受。同样的案例，回顾驾驶培训，有没有出现我们的售价是越调越高，我们的服务越做越多，用户追求越来越广的情况呢？

方便面的消费升级

2020 年腾讯统计了四位虚拟人物的“价值”。第一个是《秦时明月》的葛聂，是 95 后最爱的虚拟偶像。《魔道祖师》蓝忘机是 00 后最爱。下面是日本全球第一的虚拟偶像“初音未来”。右下角是中国版“初音未来”洛天依。经过腾讯对 Z 时代用户的分析，这 4 位排在所有偶像的前面，排在了肖战、王一博等明星的前面。经过统计，“Z 时代”的用户现在是 1.47 亿人，中国二次元付费的用户每年花费超 2000 元。

四位虚拟偶像人物

我们的用户群体已经发生了重要的改变，他们要零糖、零卡路里，他们要个性，他们要健康，要更加的便利，我们现在这个行业的生产者、经营者是否为他们提供了这样的需求呢？如果不了解Z时代的用户学车需求，将会被这个时代所抛弃。

四、打破驾培行业“孤岛”，面对更广阔的“海洋”

驾培行业受物理空间限制，会受到半径的限制，但我们应该具有海洋思维，我造这艘船的目的是要找我的鱼群，我的鱼群到哪我的船就开到哪，这就是海洋思维。有了海洋思维才会互联互通，不会在自己的一亩三分地固步自封。如果我们没有和其他行业进行更好地融合，利用数据化打通壁垒去改变现状，我们将永远是一座孤岛，这个行业也会寸步难行。

这里有三组数据，第一个是我国2020年车险保费总额，有70%是进行了理赔的。这暴露了我们在培训端存在的质量问题，同时也暴露了各种数据链条没有打通的问题，最终不能形成闭环，只有数量而没有分析的数据是没有意义的。

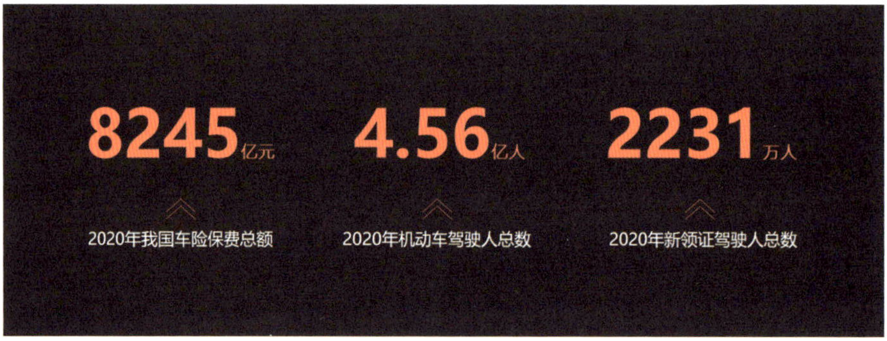

2020年的几个相关数据

智能驾驶培训系统总结来说有三个阶段。一是让大家“看起来真”，无论是用VR还是用模拟仿真，其实只是“看起来真”；二是“操作的真”；三是“真的有用”。可以从技术、管理、监管以及实际驾校运营中帮助大家，这才是技术所带来行业的真正变革。

五、沉浸式教育的革命性优势

VR是沉浸式教育的又一次改革。三屏处理器更多的是在三维空间里面的一种展示，现在通过VR的加入可以实现时间和空间构成的五维教育，可以模拟还原各种场景，这是当下沉浸式的重要表现。在培训端打通的数据不仅仅是他的学时，还包括眼球追踪数据，甚至是心率，同时借助于数据化控制好成本，把增量提上来，形成完整的数据链。这才是技术从诞生到实际落地最具价值的地方。最终为驾校节省不必要的成本，同时助力解决半径问题，实施分布式经营，提升市场占有率，助力低碳环保。

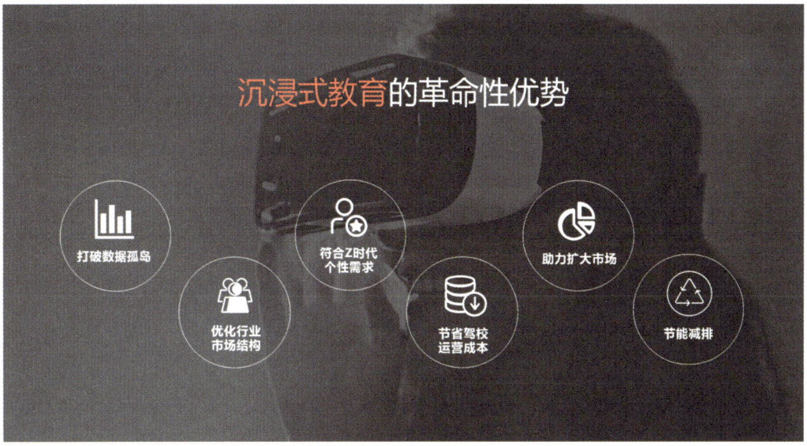

沉浸式教育的优势

下图是一张计算机生成的图，它的光、影、路，看似简单，但实际上是按照我国《道路交通安全法》的相关规定构成的，即“真”视觉。车辆的动力学是确保车辆模拟仿真重要的一环，它的刹车、制动、油门是按照国标进行生产和制定的，能够做到“真”反馈。更重要的是要确保全流程的“真”数据，在学员训练的时候可以进行行为数据、心理变化以及学习风格的数据采集，获取重要的数据支撑。

“真”视觉

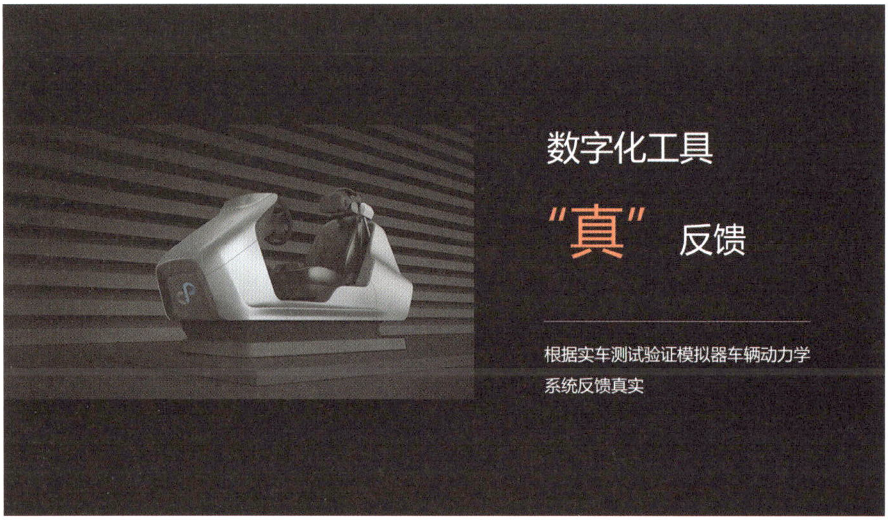

“真”反馈

“真”数据

六、分布式、标准化、品牌化运营助力驾校扩大市场

在 2019 年，我们与东方时尚在全国城市开展智能化、分布式学车模式，已经完成北京 24 个核心区和 8 座城市的部署。核心区门店根据白领用户、学校用户、

社区用户等不同需求进行了优化调整。

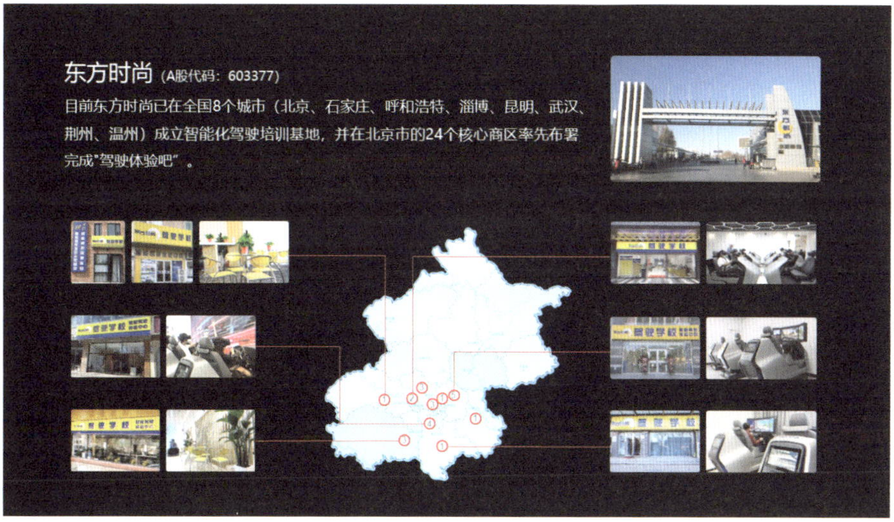

智能化、分布式学车模式的布局

通过利用虚拟现实技术打破时空限制，让碎片化学车变得可行，同时可实现24小时学车。以北京望京门店为例，即便在凌晨也有20%的使用率，这就通过技术变革为学车用户提供了他们所需要的服务。

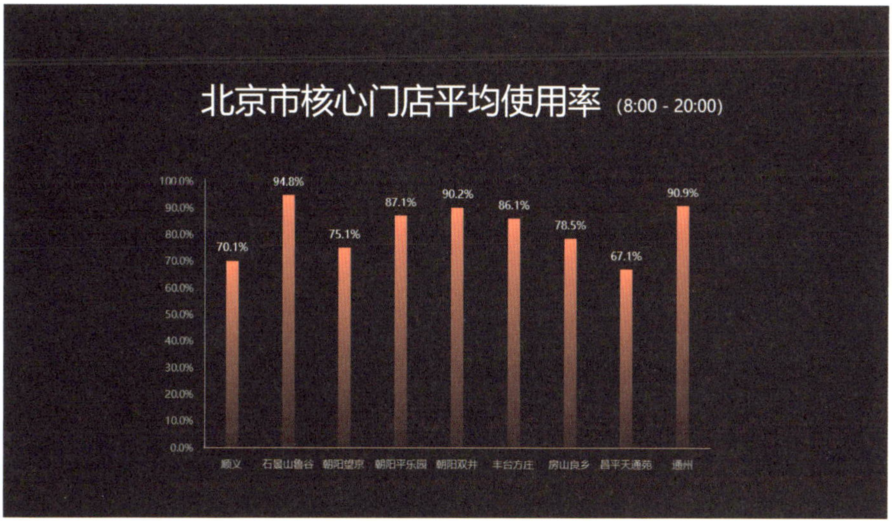

北京市核心门店平均使用率

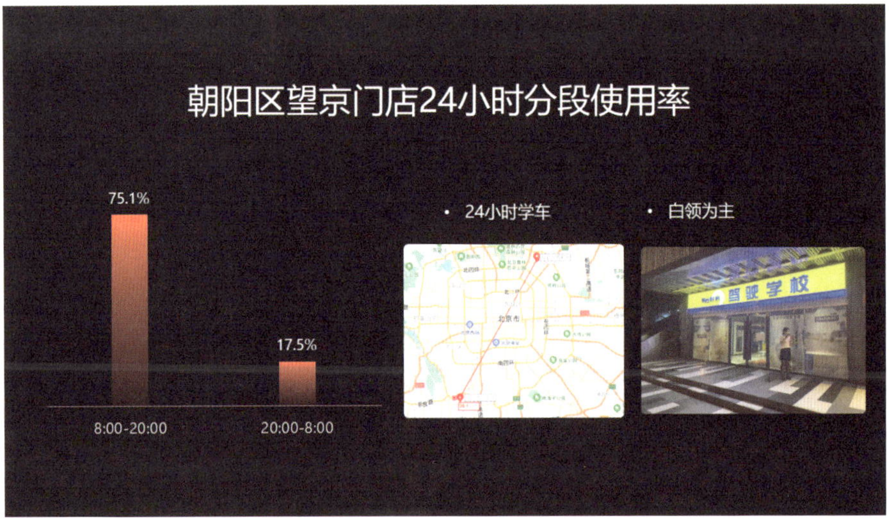

北京市朝阳区望京门店 24 小时分段使用率

另外，我们为北京公交驾校（国企驾校）提供了数字化解决方案，规范了其智能化培训流程，更重要的是让它的品牌定位与实际结合，进行了智能化提升。目前 VR 智能班的费用是 4880 元。驾校要摆脱同质化竞争，就要为用户创造更大的价值。

北京公交驾校的使用情况

道路交通安全关乎每个人的生命安全，这与国家的经济、高效、和谐、绿色息息相关，也来自于政、产、学、研、用每一个行业从业者的努力。

第八节　“交通文明社会”的创造及驾校责任

井口国雄　(Inokuchi Kunio)
爱宕驾校　五岛驾校董事长

井口国雄先生在线上演讲

爱宕驾校　五岛驾校董事长、长崎县指定驾校协会会长、日本指定驾校协会联合会 特别委员会委员长 历任:日本指定驾校协会联合会长VISION九州　四国委员长、九州指定驾校经营者协会理事、 长崎县交通安全协会理事、长崎更生保护职业辅导协会会长、鹤鸣学园学校法人理事。

摘　要

本文怀着强烈的社会责任感，强调驾校不应该只是一个考驾拿证的场所，它应该成为育人的教育机构，提出使交通事故防患于未然是驾校责任。本文还分享了“心　技　学”三位一体的教学方针及作者驾校的尝试，介绍了日本“SAFETY DRIVER”（安全驾驶人）卡，最后强调了安全的交通是全世界人类的共同愿望。

首先，我先介绍一下我的驾校与驾校所在地长崎市的相关情况。距离中国最近的长崎市，位于日本的最西端，与湖北省、上海市都有着友好交流的悠久历史。长崎市还是最后一个原子弹爆炸受害城市，现如今已成为一个环山临海的美丽城市。

由衷欢迎大家疫情过后到访长崎，感受长崎风土人情！

日本的驾驶培训制度始于60年前，我们爱宕驾校也有60多年的历史，我是爱宕驾校和五岛驾校两所学校的董事长井口国雄。驾校不应该只是一个“驾考拿证”的场所，它应该成为“育人”的教育机构。交通事故是谁造成的？ 是经过驾校培训，并通过驾考的持照者造成的。据说，日本由于交通事故造成国家损失约为4～5兆日元（约为人民币2640−3300亿元）。交通事故几乎都是“人为失误”所导致的。事故正是拥有驾驶技术及交规理论知识的驾驶人造成的。知道和能做到、能做到和实际做到，并不是一回事。驾驶者需要具有对安全驾驶的“觉悟和强意识”以及“社会道德精神”“自身及对他人生命的敬畏”。

一、为交通事故防患于未然是驾校的责任

学员考驾照，是为了方便生活，提高生活质量等。但是，由于以自我为中心的自私随性，忽视驾驶本身的危险性，导致事故发生。一所驾校的使命，不仅要帮助学员实现他们驾考拿证的目的，还必须培育他们成为一生无事故的交通文明社会的优秀驾驶人。入校的学员都是此前没有开车经历、没有交通法规知识、对于交通状况不了解的宛如白纸一般的新人。他们还受到经济（学费）以及时间等方面的制约。驾校方面，也想让学员能够尽快又少花钱地拿到驾照。

日本驾考的基本标准课时如下（以C2车型技能为例）：

基本行驶　12课时（1课时50分钟）——（第一阶段　场内教习）

应用行驶　19课时（1课时51分钟）——（第二阶段　上路教习）

＊技能课时共【31课时】

＊理论课基本课时（无证者）——（26课时）

也就是说学员在驾校内接受的技能及理论课加起来也只有57课时。我个人是非常怀疑通过这31节技能课和26节理论课是否真的能培养出一生无事故无违章的驾驶人的。想必中国及其他国家也和日本一样需要这些课程。学员修完约31个课时的技能课后，参加考核，合格的话这位新人就能拿证成为驾驶人。（日本技能考核合格标准是70分）

考核的评判基准是判断学员拿证上路后，其驾驶行为是否会给他人（车）造成麻烦，是否会造成交通事故或涉及交通事故，这一安全基准来判定其合格与否。对

这些取得驾照的新手驾驶人，我们更寄希望于他们今后能在实际的交通社会中学到更多，早日成为优秀的交通社会人。

二、心·技·学三位一体的教学方针及我校的尝试

预防交通事故的三要点：①加强管控；②改善道路、交通环境及车辆；③强化交通教育。驾校是国家唯一的交通安全教育专业机构，因此我们驾校的工作人员必须具备自觉性与责任心来推进我们工作的落实。

孔子说过这么一句话："以德成仁。" 无论是强化管控，还是道路交通运输环境的改善，都需要强大经济支援，都会受到限制。而立足于国家百年大计，教育质量的提升才是关键。"技术　交规　学科"方面的改进和改革，必须要合理而科学地进行推进才能实现。但是，人"心"的教育只有通过人本身，人需要饱含爱与情，将热诚之心赋予教育。教练也是社会成员，因此提高教练的素质也很有必要（教练的教育与研修很有必要）。若驾驶者有强烈的安全意识，确保安全驾驶，那么即使遇到事故，也一定会是"大难化小，小难化了"。

驾校的理念引入了孔子的精神

日本驾校的学员入校后，有法定义务必须接受"内在驾驶适应性检测"，在排除不适合驾驶的癫痫、躁郁症的同时，对学员的个性（能力、脾性及心理动向等性格特性）有所掌握。教练为培育出优秀的驾驶人员，针对学员的这些特性因材施教，从而达到教育目的。

三、关于 SD 卡（SAFETY DRIVER CARD，安全驾驶卡）

"SD 卡"是由机动车驾驶安全中心发行的。它是驾驶人个人的驾驶经历，在

一定期间内无事故无违章的证明卡（证明书）。全国的驾校都把培育终生无事故无违章的安全驾驶人，作为自身的重要使命。然而，要实现终生无事故无违章，是一条漫长而艰辛的道路。但是，千里之行始于足下。首先要让取得驾照后的驾驶人，在拿证后第一年的 365 天内撕掉新手标签，坚持互让驾驶，挑战最终目标。据统计，新手拿证后第一年内如果能做到无事故无违章，那么在今后 8 年以内无交通事故的概率将会非常高。也就是说日后是否会成为一名优秀驾驶人，取决于拿证后的第一年。因此对于全年无事故无违章的驾驶人，驾校将赠与他们 SD 卡。为使驾驶人能做到全年无事故无违章，我校自 1978 年开始，对刚从我校毕业 3、4 个月的学员，进行“毕业再服务”，免费开设“再教育课堂”，让他们再次回到练习场接受培训。在驾驶方面对他们进行轨道修正及把关，帮助他们一年后能够拿到“SD 卡”

四、我校的历史和日本的驾校教育方针

“互让之心——如果所有的驾驶人能够怀着相互礼让的心境来驾驶的话，悲惨的交通事故也会减少。并且重复互相礼让的行为，将会改变您，使您成长。相互礼让，也就是互让驾驶，会改变您的人生观。我们期望能借此带给您感谢与信赖之心。驾驶事关生命，互让驾驶就是在驾驶的同时重视与他人的交流，为他人着想。在驾驶的同时，要牢记自己与他人是共存的，他人也和自己一样，有着仅有一次无法替代的人生。互让驾驶就是在驾驶的同时保持对生命的敬畏、对他人的宽容。互让三训——“互让”，即使只有一个人也好，如果有更多的驾驶人能怀着互相礼让的心情来驾驶的话，就可能减少一次交通事故，也可能会拯救一个人的宝贵生命。互让驾驶就是爱宕驾校的教育基本理念，从本校毕业的您，我们衷心期望您能成为这样的驾驶人，同时也为了您自身的安全请在心中立下誓言。”

作者驾校的“互让三训”内容

我们的决心（主旨书）：驾驶关系着自己和他人的命运，其行为责任重大。培养一生无事故、无违章的优秀交通社会人是我们驾校的最终教育目的。1970 年有 16765 人由于交通事故被夺走宝贵生命，那是后来被称为“交通战争”的年代。

鉴于当时的现状，除了在技能和法规、法令的教育方面以外，我校开始积极地推进安全意识、珍惜生命等精神方面的培养。使“三位一体”的教育方式彻底制度化，并称之为“互让驾驶教育”，致力于优良驾驶人的培养。1977 年，我校开创“SD 卡活动”并向全国推广，鼓励学员毕业后继续坚持无事故、无违章的驾驶。SD 卡通过警察厅及安全驾驶中心的介绍宣传，至今仍在全国各地的驾校运用。在混乱的现代交通社会中，“车与车、车与人”之间的交流，互相礼让、无事故行车，未来交通文明社会的实现是我们的美好愿望。

五、安全的交通是全世界人类的共同愿望

机动车是现代社会科学文明的利器，是由人创造和驾驭的。现代交通社会中，若奉行车辆优先、车辆至上主义，其结果将使交通社会充满杀气。而我们要追求的目标是：创造车与车、车与人之间的相互礼让，愉快相处的现代文明交通社会。

科学文明与文化的融合，实现和谐的交通文明社会才能有效地减少事故的发生。交通事故是由肇事者（驾驶人）和受害者（交通关系中的弱者）的关系构成。对于交通弱者群体的教育宣传也是很有必要的。在驾校内设置交通安全中心，积极地推进并落实地区居民的交通安全教育与交通安全宣传活动。

另外，还要加强持证者的再教育工作，包括社会企业人员、老年群体等。自 1997 年起 25 年来，日本指定驾校一直遵照以下教育方针进行驾培教育。

全日本指定机动车教习所协会联合会

活动方针：

- 驾校教您“驾驶的责任”；
- 驾校教您“生命的宝贵”；
- 驾校教您“驾驶的快乐”；
- 驾校教您“为地区安全作贡献”。

最后，交通安全是全世界全人类的共同愿望。全世界由于交通事故，造成包括众多年轻人在内的宝贵生命被夺走。而人是支撑国家，担负未来社会的主体。“从

我做起” 让我们日中同仁共同协力、共同研究，担负起驾校的责任，推进驾校教育改革。

最后，衷心祈愿通过我们的共同努力，深化日中两国友好交流发展！

爱宕驾校的学员正在学习朗读互让校训

第九节　一位驾培人的道路交通安全观

左　飞
内蒙古东方时尚驾驶培有限公司总经理

左飞先生在演讲

2005年加入东方时尚，现任内蒙古东方时尚驾驶培有限公司总经理。参与多项交通运输行业管理规定及部分标准的制修订工作，包括《机动车驾驶员培训管理规定》《机动车驾驶员计时培训终端技术规范》《机动车驾驶员计时培训系统平台技术规范》《机动车驾驶教练员国家职业技能标准》等。

摘　要

在新时代，驾培行业应积极探索和应用新技术新模式，抓住发展机遇，以虚拟现实、增强现实以及人工智能等科技赋能行业，借助科技、智能、数据的力量实现行业从传统劳动密集型企业向高效、安全、节能、环保的新一代智能驾培项目转型升级和高质量发展，为驾培行业的发展带来新活力。通过驾培行业的市场结构调整和发展格局提升，最终达成培养安全、文明、高素质驾驶员的使命和目的，实现我们国家“交通强国”的战略目标。

一、驾培行业是道路交通安全第一关

近年来，随着国民经济的高速增长和人民生活水平的不断提高，我国从自行车王国迈入世界交通大国的行列，根据第7次全国人口普查的结果和2020年末全国民用汽车保有量计算，我国约每5人拥有一辆汽车，而2010年是每17人拥有一辆汽车，2000年是每81人拥有一辆汽车。相比部分发达国家2020年的数据，美国是每1.15人拥有一辆汽车，日本是1.53人拥有一辆汽车。这些数据可以看出我们与发达国家的差距，也是我国未来发展的潜力，20年的飞跃让我们每个人都能感受到我国道路交通的飞速发展。同时，我国交通参与者特别是驾驶人的交通违法行为和交通陋习较为普遍，驾驶人的文明素质亟待提高。

据统计，我国道路交通事故90%以上是由驾驶人的过失造成的，而驾龄在3年以内的新驾驶人肇事比例高达40%，新驾驶人成为交通事故的高发人群，给社会和驾驶人本身都带来严重威胁，作为道路交通安全第一关的机动车驾驶人培训行业难辞其咎。现在大部分驾校重操作、轻意识，疏于对学员安全守法文明意识的灌输及危险感知能力的培养，导致新驾驶人的违法率、事故率居高不下。要想彻底解决这一问题，需要将培训的重心从重技能培训逐步转到重安全意识的培训。如何打造安全、文明、有序的交通文化，实现行业的转型升级呢？应该做到以下六点：

一是政策引导。在我国依法治国的方针指引下，把法治教育纳入国民教育和社会教育体系，实行公民终生法治教育制度，将交通安全教育对象扩大到道路交通的所有参与者，按不同年龄阶段和不同人群有针对性地开展道路交通安全终生教育，有效提升道路交通参与者的交通法制意识、驾驶人社会公共道德意识和交通安全意识，保障道路的畅通和全民的交通安全。

二是社会宣传。全社会大力宣传安全第一、生命至上的理念，强调交通事故是人民追求美好生活的重要威胁之一，通过互联网、公益广告、短视频、安全教育场景等多种形式，传播交通安全知识，引导理性学车观念。改变以往重拿本、轻培训、图快省事的学车消费观念，使人们重视与生命相关的驾驶技能培训，以实现道路交通安全的有效途径和治本之策。

三是加强理论培训。理论培训是安全文明行车意识的基础，对法律法规的敬畏之心是维护社会秩序的基本要求，在我国，学车是人们接受系统道路交通法律法规学习和驾驶技能培训的唯一机会，学员是未来的驾驶人，抓住了这个机会就等于抓住了减少道路交通事故的源头。驾培机构要严格按照《道路交通安全法》的规定，认真教授交通法律法规，强化规则意识，养成遵守交通法规的良好习惯，并将此内容贯穿到培训学习的全部过程。

四是提升实际驾驶技能。驾驶培训阶段是驾驶人安全操作技能、安全文明意识和文明行车意识养成的关键时期，各驾培机构应严格按照机动车驾驶培训教学大纲进行规范化教学，让学员熟练掌握驾驶技能和规范的驾驶操作，认真执行实际道路训练内容和学时要求。培训工作中抓住安全驾驶、文明行车，把培养安全、文明的高素质驾驶人作为首要任务。

五是强化教练员队伍建设。教练员是道路交通安全知识和安全驾驶技能的传播者，是学员通往安全驾驶道路的桥梁。驾培机构在招聘教练员时应严格把关，上岗前要进行一定时间的交通法规理论基础、驾驶技能实际操作、安全行车意识、文明行车素质等方面的岗前培训，经考核通过后才能上岗。入职后要注重教练员职业道德培养，定期对教练员开展形式多样的再培训。日常工作中加强对教学过程的监督和管理，公示教练员教学规范，设置投诉通道，让学员主动参与到监督教学品质的环节当中，以此来提升教练员队伍的整体素质。

六是推进科技创新。随着国家大力实施创新驱动发展战略，持续深化科技体制改革，科技的力量不可避免的影响到了我们这个线下重资产的传统行业，尤其在2020年疫情期间，部分驾培机构利用5G、互联网、虚拟现实、人工智能等技术，为学员提供网上报名、线上学习、智能培训、驾驶辅助训练等服务，在精准防控的同时提前实现了有序复工。其中智能培训方式运用了现代科技手段，将安全驾驶理念贯穿于驾驶培训的全部过程，实现了授课内容与教学内容的统一，有效提升了培训的效率和实际效果，通过智能化培训出来的驾驶人，除了具备扎实的汽车驾驶操作技能，相对于人工培训模式更具有安全驾驶和文明行车意识。

二、科技助力驾培行业达成道路交通安全使命

科技赋能驾培行业弥补了传统教学的不足，打造了理论结合实际的场景化、标准化培训，增添了现实生活中难以体验和危险性较高的复杂路况，是驾培行业

达成道路交通安全使命的有力抓手和得力助手。早在 2000 年，东方时尚就认识到了情景化模拟教学在驾驶培训中的重要性，通过与韩国公司合作，在国内率先打造出专业的驾驶培训模拟设备。2019 年 10 月标志着学车全程场景化、标准化、智能化的智能驾驶培训基地在京启动，实现了学员全天候 24 小时自主训练。2021 年 4 月份，东方时尚北京校区再次升级为新能源智慧驾培园区，成为全国首个绿色智能化驾培示范基地，使学员自主学车更加方便高效。现如今从云端教学与线下 4DVR 教室相结合的理论课程，从手机 APP 与全面终端机相辅助的智慧管理系统，从传统教学教研与智慧驾培系统融合的智能训练体系，再到无纸化智慧服务系统，东方时尚以智慧驾培全方位衔接行业主管部门、驾培机构、教练和学员等各个环节，将安全文明理念贯穿于驾培行业的全过程，向社会输送合格的驾驶人。

云端在线教学也是当前驾培理论教学的一种重要形式，它的出现改善了各地理论教学力量薄弱，师资匮乏和水平不均衡的状况，起到了教学内容统一、资源共享的作用。

科目一理论考试合格后就进入驾驶技能培训阶段，左侧是 VR 驾驶模拟器课件提供的训练场景，右侧是机器人训练车在场内训练的实景照片。这两幅图有一个共同的特点，就是都没有教练员的身影。

智能培训模式

这种经过科技赋能提供的独立操作训练模式，贴近科目二场地驾驶技能考试和社会道路驾驶场景，降低了传统教学中学员对教练员的依赖，减轻了紧张程度，使学员学车过程精力更加集中，有利于新驾驶员的心理素质建设，为拿到驾照上路驾驶打下了良好的基础。

三、科技应以人为本

科技赋能让驾培行业更上一层楼，也让我们感受到科技才是驾培行业健康发展的未来。21 世纪以来，人工智能、虚拟技术、5G 等科学技术的发展，在一定程度上改变了我们的生存空间和生活方式，但科技是把双刃剑，只有以人为本的科技才是我们真正需要的。前几年互联网企业试水驾培行业的情景还历历在目，如今这些企业已烟消云散，作为有责任、有担当、有使命感的特殊传统行业，我们要吸取教训、继往开来，始终以道路交通安全作为驾培行业健康发展的方向，把握现代科技初期发展缓慢，逐步成指数级快速增长的规律，夯实基础，不在速度方面拼高下，在驾驶员培训深度和广度方面展开深入研究。

2016 年 10 月 17 日晚 10 时 09 分，北京市通州区 103 国道一个路口，一辆出租车在右侧车道等红绿灯时，其后方的另外一辆小轿车突然实线变道至出租车左侧车道。这个突然的举动，让在左侧行驶的大客车躲闪不及，向右急打方向，致车身侧翻，压在右前方的出租车身上，倾泻而下的石块瞬间将出租车掩埋，出租车司机不幸身亡。视频里总共 4 辆车，一辆闯红灯，一辆准备闯红灯，一辆压白实线变道，一辆遵守交规等红灯，结果遵守交规的却蒙受最大的损失。类似的视频我们看过不少，心中都会有疑问，为什么明明有一些事故踩刹车就可以把事故风险降到最低，却产生了更严重的后果？

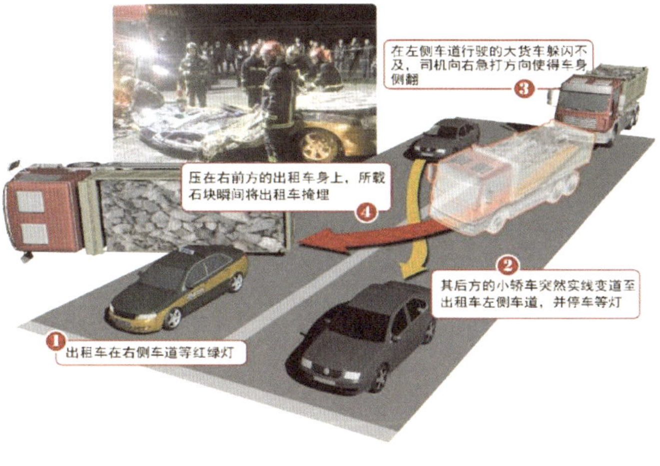

制图/曲昆

应急处置不当

众所周知，正当防卫超过了必要的限度就是防卫过当，紧急避险过程中侵害了另外一方的合法权益也是避险过当，要加强交通法规的学习，不断强化路权，不得侵犯的规则意识，防止急打方向时侵害同向车道或对象车道的车辆。另一方面需要利用科技赋能，情景化模拟现实发生过的各种应急场景，强化肌肉记忆，训练学员在行车中任何时刻都要学会使用安全驾驶意识来替代人类的本能，掌握紧急情况下合理处置危险的能力。但这样又会面临一个新的问题，根据生物学家和神经学家研究发现，肌肉记忆会随着时间退化，就像赛车手一样，停滞一段时间重新练习需要经过一个月左右的时间才能将水平恢复至原有的90%，相对于应急处置所付出的反应太长了。同样的，学员毕业后随着时间的推移也会淡化彼时应急处置的训练效果，所以深入研究产生肌肉记忆的原理，形成肌肉记忆高水平不下降的教学内容，将是科技赋能行业的下一个主攻方向。

如果没有应急处置事件的发生，无疑是理想的道路交通安全安全环境，但绝对安全的道路交通环境是没有的，只要成为一名交通参与者，危险因素都将永远存在。道路交通情况瞬息万变，事故的发生原因通常是在特定的交通环境影响下，由交通三要素：人、车、道路所构成的动态交通系统某个环节失调所致，这其中人是事故发生的主要危险源，抓住人的因素就抓住了解决道路交通事故的关键点。通过科技手段归纳总结，建立危险源数据库，提供科学合理的课件，让驾驶人认识危险源、了解危险源，掌握和识别危险源的能力，进一步培养知险、避险的正确处理方式，对减少道路交通安全事故会起到良好的作用。

识别危险源后，解决的最好方法就是采用防御性驾驶，应急处置和紧急避险采取的措施再好也不如不发生。做到防御性驾驶需要具备换位思考的能力，例如看到公交车进站，就要想到是否有人会从车头跑出来；看到前方满载的大货车就要考虑会不会有货物的掉落，要从安全速度、谨慎驾驶、果断处理等角度开展练习，通过对各种交通事故的视频学习，包括事故定责考核内容，逐步提升学员预知风险的能力，最终达到在日常驾驶过程中始终保持对情绪的控制和对潜在危险的警觉意识，学会了识别道路危险源，有了应急处置能力，就能有效防范和处置各种道路突发情况，降低交通道路事故带来的危害。

一所规范的现代化驾驶学校是一个城市必要的基础服务设施，对于提升城市人口素质有着非常重要的意义。在我国，到驾校学开车是唯一一次能够系统学习交通法规的过程，把握好这一环节，利用科技手段加强对学员的教育、培训和督导，让更多的学员都能够了解交通法规，敬畏、遵守交通法规，才能最大限度减少交通事故的发生，缓解道路拥堵。我们驾培人才能够成为构建文明交通的基石，为和谐有序的道路环境，为交通强国的建设不断贡献力量。

第十节 未来科技与传统驾驶培训理念的联系及荷兰驾驶培训现状

盛宏（Sheng Hong）（荷兰）
荷兰中国驾驶培训促进基金会 会长

盛宏先生

1960年在上海出生，毕业于上海海事大学，现任上海海事大学校友会理事。20世纪90年代初移民荷兰，经过三年荷兰驾驶教练专业机构培训，2000年考取荷兰教练资格证书，同年初开设荷兰上海驾驶学校。2018年在荷兰商会注册成立荷兰中国驾驶培训促进基金会并任会长一职，有21年荷兰实际驾驶培训授课经验。

摘 要

本文详细介绍了荷兰驾驶培训车辆、驾驶考试、教练员资质等方面的情况，并着重介绍了传统驾驶培训理论的精髓及如何将这些关键要素融入到未来科技中去。

荷兰有8000多所驾驶学校，其中有超过6600所培训小汽车驾驶的学校，在册登记的教练员有14500名。荷兰领土面积比我国台湾省大一点，荷兰人口比我老家上海

还要少400万。为了更好地加强和国内驾驶培训机构的联系，将荷兰获得的驾驶培训实践体验和国内同行分享。我在荷兰注册成立了荷兰中国驾驶培训促进基金会，希望与国内同行有更多的交流学习，期待为祖国的驾驶培训早日进入世界培训强国做出自己的贡献。

一、荷兰驾驶培训现状

我从三个方面来和大家分享：教练车的配置、考试的项目、教练员的资格。现在我用四张图片来介绍一下荷兰教练车的配置。

a）

b）

c）

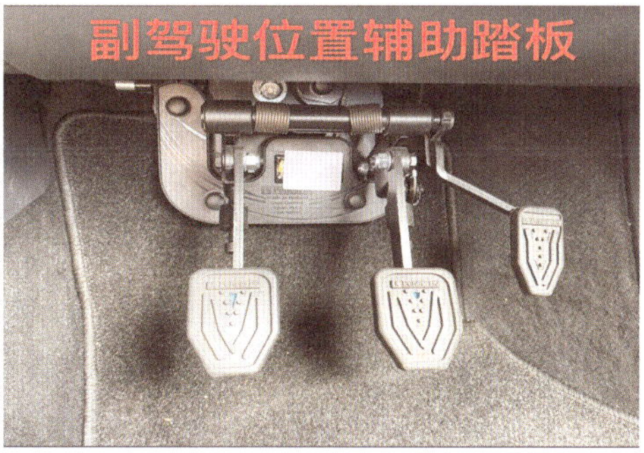

d）

荷兰驾校教练车情况

考试的时候考官有可能要向学员进行抽查。主要是发动机罩下的五大部件、驾驶室内面板控制按钮的功能、轮胎的常识、车外照明灯、车底是否漏油漏水、镜子和玻璃的状态。在荷兰考驾驶证无需体检，但是考生需要在网上填写健康证明。考试时，考官要检查考生能否读出 25 米远的车牌号。

二、荷兰的驾驶考试

华人参加的荷兰理论考试语言分为三种：荷兰文、英文和中文。考试的内容分三个部分：1. 危险感知，识别危险并确定要采取的措施；2. 理论知识，掌握交通指示牌、交通规则等；3. 洞察力，考生必须要证明，可以应用规则并作出正确的决策。

下面我分三张图来分别介绍：下图是危险感知部分，这类题共有 25 个。

危险感知试题

下图是理论知识部分，一共有 12 题。

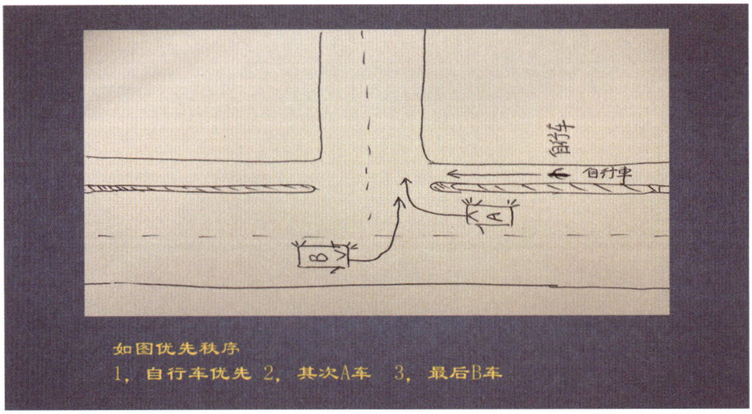

理论知识考题

下图也是理论知识部分，这一部分跟国内的优先规则有可能不同，我特意画出图来供大家参考。

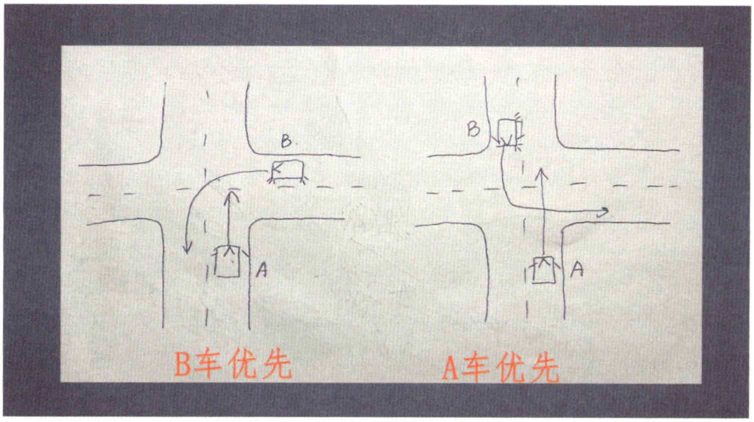

和国内不同的优先规则

下面这一类题目是考学员的洞察力，共有 28 题。

洞察力测试

我向大家介绍一下荷兰的路考，全程共 25 题，35 分钟左右考完。考生需要完成考官转左或者转右的指令，如果考官不给指令就是直行，但是直行也可能遇到不可以驶入的情形，需要看交通标志转弯或改道。考试途中会使用一次导航仪，大概十分钟左右。和国内比较，科目二、科目三是合并一起考核。我把科目二、科目三和国内比较划分了一下，方便大家的了解。

荷兰驾考指定操作共有九项，但不一定要全考，会抽考其中的两项，包括直线倒车、坡道起步、弯度倒车、大路掉头、开入方格、倒车入库、小路掉头、侧方移位、路口掉头。

荷兰的基本考试项目有七种：直线行驶、左右转弯、通过路口、变道／位移、超车／被超车、迎面会车／道路收窄、上下高速公路。特殊路况有七种：斑马线、环岛、出入口、30公里时速区、住宅区、巴士站／电车站、桥／火车道口。在科目二和科目三各个项目中，我们要教会学员在如下几个方面达标：观察是否全面及时到位，车辆位置把控，车辆行驶是否迅速，优先判断和处理，有没有影响到其他道路使用者并且造成危险状况，驾驶行为是果断还是犹豫不决等。学员考完，如果没有通过，考官会给学员出具一份考试结果评价表，写明没有通过考试的原因。对于驾驶学校报考的没有通过考试的学员，会有一份总的统计表，这样方便驾驶学校知道本校教练员在授课过程中哪一方面做得不够，对指导改进今后的教学有参考作用。

三、如何成为一名有资格的荷兰教练员

准教练员在教练专科学校毕业后，并通过评审教练员机构的考核，机构向其颁发教练员证书，有效期五年。以后每隔五年，教练员需要再通过教练驾驶学校培训后，参加评审教练员机构的再次考核。评审机构仅对教练员进行实际教练授课考核，不需要考试。如果考核通不过，就取消教练员资格。如果通过，就又有持续五年的教练员资格，可以继续从事教练工作。从去年开始，这项考核有了改革，主要有两个方面：一是参加考试的教练员必须出具个人的信用证明；二是参加考试的时候，以往教练员是随机找一个学员，这个学员可能有驾驶证，也可能没有驾驶证，但是，新的规定要求这个学员必须是一个真正的学员，这就增加了教练考试的难度。

最近我刚刚通过荷兰教练员逢五年的考核，现在分享一下考试的体验：我选择了一个正在跟我学车的学员，我知道该学员在通过十字路口时观察让行上比较弱，在考核当中也发现了这样的问题，所以我及时地给这位学员做出了干预行动：踩刹车、让行。但考核结束后，考官却不是这样认为，他认为我过早地给予了干预，应该让学员充分表现出错误行为，过早干预，学员认识不到自己的错误的严重性，最后，考官在考核的安全性方面给予我满分的评价。

四、传统的驾驶理念与未来科技的联系

我们传统的驾驶理念就是六字方针：独立、安全、迅速。这是我在教学过程中经常对学员要求强调的，按照这个要求指导学员在进行每一项驾驶操作时，力求做好。我们教学的目的就是要求学员最终能够独立安全驾驶车辆。对车辆的控制得心应手，把主要的注意力放在对路上交通的观察上。如果学员还没有达到控制车辆的熟练程度，接下来的安全一定是无法完成。如果安全做不到，迅速开车也成为一句空话，迅速驾驶在荷兰的驾驶考试中是非常重要的一个指标，如果应该开到最快速度却开不到，就会影响周围的车辆，妨碍路上交通，造成交通的混乱，形成潜在的不安全因素。

传统驾驶的六字方针

我们驾驶有五大任务：观察、预计、评估、决定、行动。这是一个循环进行的过程。在上路考试或者平时练车时，我们必须要遵守这个原则去进行驾驶五大任务。组委会这次给我的演讲主题是围绕着未来科技，我理解就是将传统的驾驶理念运用到未来的科技当中去，未来无人驾驶技术就是我们平时要强调做到的观察、预计、评估、决定、行动。只是以后驾驶行为由计算机代替，人类以后在驾驶任务中可能就会被解放出来，我们可以在行驶过程当中，做其他的事情。

五、驾驶培训机构今后的发展趋势

根据目前的状况，荷兰驾驶培训的系统改革正在酝酿之中。因为目前没有组织统筹负责各个方面的质量检查，荷兰交通管理局委托的调查员建议成立一个新的独立组织，叫驾驶教育课程委员会，由国家来制定政策，监管驾驶教育、驾驶考试、教练员培训、教练员考试四个部门的质量问题。新的措施可能会使考取驾照费用更高。由于更高的质量要求，现有的8000多所学校中将有部分被淘汰。

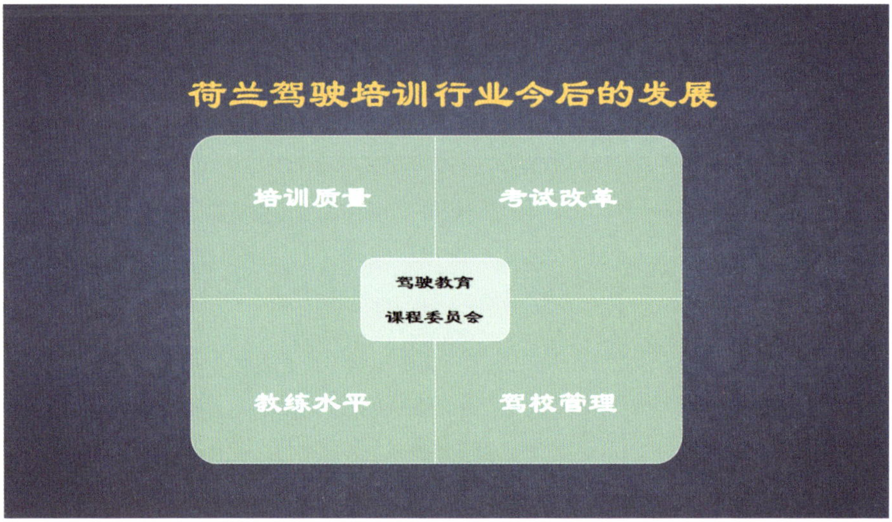

荷兰的驾驶培训改革

第四章

沙龙论坛及分论坛实录

第一节　沙龙论坛实录

沙龙论坛现场

沙龙论坛嘉宾

闫文辉（左 1）王生昌（左 2）隋波（右 3）范守敏（右 2）雷兴（右 1）

主持人：闫文辉理事长为什么会选择科技与安全这样的主题？有什么样的考量？

闫文辉：科技与安全是在 2019 年第四届“国际论坛”闭幕后确定的，原计划是 2020 年以“科技与安全”为主题在武汉举办，但由于新冠疫情延后了一年。我国虽然没赶上第一次工业革命、第二次工业革命，但如今的科技在世界上处于很高的一个水平，如何把科技运用到驾培行业，用科技给道路交通安全赋能、给驾培行业赋能，这是驾培当前新趋势，所以定的这个主题，这也和我国的战略发展不谋而合。

主持人：如何看待闫理事长提出的“整合提升，科技赋能”？

王生昌：科技赋能驾培行业从真正意义上实现，不管是能源、人力物力、环保等方面都走在前列。现在的无人驾驶训练，解放了劳动力，确实做到给驾校松绑。如今，驾驶模拟器在国外也都比较重视，特别是VR模拟器，可以说是一场革命。我在东方时尚体验过，确实很不错。我以前是反对模拟器教学的，但现在从科目一到科目三理论都是VR模拟教学，真实感比较强，另外还可以还原过去的一些情景，对情景化的教学起到很好的辅助作用，会使学员更好的理解交通规则，为什么要遵守交通法律法规，或者是交通规则。

主持人：VR模拟教学有何弊端？会不会是未来驾培行业的一个教学方向？

王生昌：现在一些VR模拟设备，人眼的频率没有完全跟得上，会有些许眩晕感，但随着分辨率不断提升，这个问题就基本解决，我相信未来肯定会实现飞速的发展，这个技术是有前途的。

主持人：请本次特邀的行业同仁隋波会长谈谈“国际论坛”的体会和思考？

隋波：辽宁省道路运输协会作为省级的协会负责全省行业导向，包括提供双向服务，为政府服务，为企业服务。此次“国际论坛”非常好地承担了社会责任，闫理事长作为驾培协会的领军人物，他更像是一个社会工作者，我们要向他学习。辽宁现有500所驾校，但是还没有一家提供模拟器教学，我希望把模拟教学引到辽宁去。在三年前我就见过有学员在公众号留言，说从丹东特意去北京学驾照，因为我们辽宁没有这个产品，这件事对我触动很大。其实，在全国各地都可能存在这种问题，但这个引入确实会对传统驾校业务产生影响，转型会带来部分阵痛或者变化，包括政府是否对这种教学方式认可，制度上是否会有改变，需要我们一起来推动。

范守敏：其实我们安徽在这之前也做过尝试，2013年全国驾培大会之后安徽就贯彻全国驾培大会精神，当时有一个模拟器推广的现场会，主题是推动驾培行业转型升级，并且我们省拍摄了一个模拟器示范片，初衷一是帮驾校降低成本，二是节能减排。会后模拟器的使用效果并不理想，一是功能还比较初级，二是对模拟器提出很具体的要求需要完善。随着这几年新技术等各个方面的发展，模拟器已经比较成熟，到了大规模应用的时候，对驾校的转型升级会发挥很大的作用。大规模使用之后，产品本身也会出现升级，我相信到那个时候我们科技赋能应该会体现得更加明显。

雷兴：随着技术的发展，对我们行业起了促进作用，教学行为更规范。进行定制化教学培训，让教练员能够有针对性地进行培训，有利于保证质量，我们行业管理部门和驾校的基本初衷就是要培养合格的驾驶人，为社会的安全稳定起到作用。接下来我们的科技工作者要进一步和行业管理者沟通，知道我们接下来主攻的方向是什么，不仅仅是公共关系，更需要满足需求。

主持人：请闫理事长介绍一下明年的主题会是什么？

闫文辉：初步想了一下，和各位副理事单位及各省的地方协会也都探讨了一下，现在都讲究发展，可持续发展、绿色发展、高质量发展，明年就叫“发展与安全”。但发展又比较广泛，两层含义，一是我们这个行业到底还有没有存在的必要性，我们将来如何发展？二是习总书记在全国安全生产工作会上提到发展不能以牺牲人的生命为代价。这符合我们各行各业，更符合我们驾培行业，因为我们行业真是人命关天，我觉得叫“发展与安全”，还是围绕安全，后续还会向大家广泛征求意见，再做定夺。

主持人：请闫理事长解答大家的忧虑，科技是要赋能的，不是消灭这个行业的。

闫文辉：给出行加上了一把安全锁，让驾驶人操作更简单更便捷，但一旦有问题还是得人接手。将来培训的驾驶人不是单纯培训他掌握驾驶技能，更要培训理念，安全、文明、守法的理念。马路上，不光要有聪明的车、智慧的路，还要有文明的人，配在一起，才能完整。

主持人：未来的 5 年、10 年驾培行业大概是一个什么样的前景？

王生昌：科技促进生产力的发展，但是如果没有驾驶技能，怎么接管车？怎么控制车？所以我认为驾培行业不会因为自动驾驶技术的成熟就消灭掉或者自生自灭。一方面我们买车的目的不仅仅是为了空间移动的问题，还有开车乐趣。另一方面，科技能不能颠覆传统的培训，这一点我也表示怀疑。人脑是不断在变化，不断出现新的思维。机器“脑袋”仅仅在程序上设定。而我们交通环境、交通状况是千变万化的，离不开我们的教练员。科技可以作为辅助手段促进驾培的发展，但最终怎么样能够安全地开好车，还是需要教练员培训。

隋波：道路交通安全三大因素，人、车、路，所有的产品、科技赋能，包括自动驾驶、车路协同等方面，也是“路”的构成方面。技术进步，人、车、路三大构成要素，以前人的比例是占90%，现在技术发达了，但是刚才专家讲了，人的比例在70%甚至80%。驾培行业要提高机动车驾驶人的素质，技能和认知水平，从这个角度来讲这个行业永远都不会消失。未来无人驾驶或者自动驾驶，装备再好也是为人服务的，安全是最终的目标。

范守敏：安徽6300多万人，大概有600多所驾校。在这之前应该是比较传统的一个行业，一个人一个车，就可以把驾驶培训的业务开展起来。现在我们省也有部分驾校在运用这类产品，目前这个阶段大多数还是辅助教学，我希望这个设备进一步改进优化，特别是大规模使用之后，我希望能替代教练的工作,这样的话驾校的模式也许就会发生非常大的变化。但是不管怎么变，因为驾驶培训实际上是一个技能的重复、固化。机器人教练也好，模拟器也好，它更多的是培训人的驾驶技能，但人除了技能之外还有意识，我觉得教练员仍然是驾校很重要的组成部分。

雷兴：“驾驶＋互联网”在今后的驾驶培训会和以前完全不一样，以前是通过学员的数量和报名的资金量寻找红利，另外就是安全的解决空间还很大，从16年到19年道路交通安全事故死亡是6万人左右，要把这些空间填平，让事故不发生，我认为驾校培训的任务还很艰巨，所以说未来5年驾校的生存空间还是很宽广的。

第二节　分论坛实录

分论坛现场

Q：驾校改备案后，驾校合法经营的基本条件是什么？怎样加强监管？

A:(王水平)许可改成备案,大家又说狼来了,这一备案大家准入门槛低了。但是人们也在挑驾校，真正要想学开车，真正想安全开车的人，也要选择方便的、品质好的驾校来学车，所以这个是市场的选择。备案制代表了中央希望减少政府这一只手的干预，增加市场来决定资源配置的作用。通过备案，市场给了企业更大的自主权，这次参加会议的都是优秀的驾校，在当地都是有很好影响的。实际上通过备案给我们在座的驾校开阔了一个新的渠道，开辟了一个新天地。什么新天地？就是你将来在设分支和服务网点的时候能够放开手脚，可以利用这个机制实现优秀驾校的低成本扩张。

（颜建平－浙江温州乐清）监管平台达到一定的管理水平要分六管，一是资金监管。现在所有学员资金都可能成为教练员收费的手段，或者是驾校市场竞争的手段。二是资金托管。学员根据自己的学时向银行支付学费，杜绝学员跟教练员之间的作弊作假。三是管好教练。目前浙江在做试点，要通过计时平台让学员在学校注册，教练员要通过车上的人脸识别，才能启动车辆，借给别的教练员就不可以开。四是管好车辆。这个车在指定的电子围栏内，训练科目二的要在场地内训练，超出围栏车辆可以报警，有效的限制车辆在一定的范围内训练。五是管好安全。信息平台可以掌控这个车在哪里运行，是哪个学员在操作，让我们的平台起到管理、安全作用。六是管好财务。通过银行的监管和分过来的费用，把教练员的乱收费杜绝，完全可以自已明确整个驾校的资金财务管理。

Q：教学大纲是否会对学时做调整？是否能够采集到讲解等停车教学的完整学时？计时设备是否有确切标准？

A：（王水平）考试题库的更新问题。人民交通出版社要把考试题库的更新作为你们的头等大事，这是教材发行的基础。如果考试题库不更新，题都会背了，我还考什么？原来我们的设想考试题目是可变的，每年变一个库，网上题库还有生存的价值吗？所以关键在于我们自己做得好，因为公安部门跟交通部门配合得非常好，他们的考试题目也充分借鉴了我们给他提供的样题，这个工作后来弱化了，甚至后来不太做了，我觉得尽快地要捡起来，把考试题库这个事做好。

（李洁－人民交通出版社股份有限公司）人民交通出版社现在正在广泛调研，上一次大纲是在2016年修订出台的，结合本次论坛的主题“科技与安全”，行业的发展，整体也发生了一些变化，交通运输部将《道路运输条例》修改后，《机动车驾驶员培训管理规定》也会做相应的修改，以及马上发布的《汽车驾驶模拟器》最新的标准都会做新的修改。现在正在启动关于机器人教练，智能驾驶培训系统标准的工作，教学大纲要随着这个工作同步推进。

（喻绿化－湖北省黄冈市运管局）可以进行差异化教学，据黄冈的统计一年接近1万人学驾人员，有8000人在35岁以下。按照学时的规定，他们普遍反映学时过长，要求缩短。我们也了解了一下，到底是什么样个比例，他们说达到70%左右，可能还是比符合实际的。因为教学大纲上也说了差异化教学，学时不够可以增加。为什么要有一个基本的学时，我们驾校在这块很困惑，所以他们说学时减掉70%比较符合现在学C1、C2驾驶人的现状。

（吕雅丽－内蒙古自治区运管局）建议将大纲中科目二与科目三的学时界限模糊。有的学员月的科二学的时间几个课时就够了，愿意把它放在科三，但这个大纲就把框定死了。

（王献忠－安徽黄山）互联网这个模式是最好的，比如在场地上用电子围栏确定，属于学员驾校学习的一个区域，在这个区域上手机已经记录了这个范围，在这个范围里学什么课，就可以在手机系统上点进入学习，离开这个区域了学习无效。

Q：新能源教练车是否可以作为考试车？

A：（王传伦－河北省驾培协会）手动挡没有放开。现在已经有十几个驾校在用了，有个别地方考场应用，像石家庄、海南，就全国来说没有放开。我建议，手动挡的电动车列入考试车辆，我讲四个理由，一是顺应新需求，即手动挡的小型汽车培训需求，我调研有 70% 到 80% 以上学习 C1，因为他拿一份钱学两份技术。二是降能增效，经过测算可以降低成本。三是减少污染，结果测算一年大约 90 万辆的教练车，可以减少尾气排放 2 亿吨。四是应用到考试车型，倒逼教练车的电动化能够拉动新能源车的推广受众。规划是到 2025 年新能源车的销售总量要占到汽车销售总量的 20% 左右，但考试车型电动车型少，教练车的电动化能够推动学员更多地了解新能源车，促进销量。

Q：怎样落实大纲具体要求，培养合格的驾驶人。

A：（吕雅丽－内蒙古自治区运管局）建议加强学时监管力度，《道路运输条例》和《机动车驾驶员培训管理规定》要修订，完善执法依据，保护我们的执法人员。现在出现一种情况，监管平台查到假学时了，反馈给当地的监管部门。监管部门拿着我们这个系统里面的图片和去驾校执法，驾校提出来没有依据处罚。

（张强－安徽阜阳）安徽学时对接没有实施、没有落实，但我们能真正培养出安全、文明、合格的驾驶人，这是我们驾培人的初心。我们有干部来带队给他们授课，讲授有特色的道路交通安全的内容，这是我们的办学特色，在当地也赢得了整个市场的认可。

（刘禹辉－内蒙古驾培协会）应加强教练员的管理。我们内蒙古出台了《教练员管理办法》，因为没有好的老师就教不出好的学生。教练员虽然取得教练员证了，但怎么样把教练员的队伍整体做一个提升，真正应用到执教过程中，让所有学员有安全意识，需要对教练员进行有效的管理。

Q：驾校如何转型可以提升教学质量？

A：（刘晓春－陕西省驾培协会）从行业立法的层面上，其实已经考虑到新技术新应用的问题，从以后应用的环境和应用成本上看如何来解决。驾培行业拥抱科技，为规范化教学和行业的发展做出应有的努力。其实过去行业在社会上地位不高，从事这个行业的高水平人才少，比方说新装备、新设备开发人员以及科研人员等。目前驾校没有完全脱离人工教学，还需要人工讲解，但存在讲师能力不达标，教学能力差等一系列的问题。

（张雷－千种幻影科技有限公司）科技一定要对成本结构起到作用。工欲善其事，必先利其器，在我们 5 年的实践中，驾校 50% 的成本是教练员的薪金，因为是劳动密集型产业，刚才说到了教练员的职业化在不断地弱化，因为企业经营很困难，拿不出更多培训的费用，最终形成相应的服务品质的缩水，最终沦落成大家只能打价格战。

（左飞－内蒙古东方时尚驾校）现在应用科技的设备和设施，我们是亲历者，去年用了人工智能的训练车。从去年年底到今年年初，开始引入 VR 智能模拟器。拥有了这些设备的企业，可以说降维打击。原来不管场地是租的还是买的还是自有的，成本都差不多，办公的场所、人员的工资，在当地的水平都差不多。拿出各种各样的招式都是半斤八两，当地学车基本上都是在自己周边类似于 3~5 公里范围内非常出名，再拓展到其他城区就有一些心有余而力不足。现在这些设备的出现，确实可以从运营的成本方面，还有驾校的布局方面彻底改变以往在同一个层面进行竞争的态势。

第五章

科技创新展

第一节　虚拟现实培训系统解决方案

一、方案背景

道路交通伤害是一个严重的全球性的公共卫生问题，全世界每年有近 120 万人死于道路交通事故，另外使 2000 万至 5000 万人受伤。我国每年因交通事故死亡人数近 6 万。联合国制定了“道路安全行动十年全球计划”，通过在国家、区域和全球各级开展更多活动，降低全球道路交通死亡率。我国也一直在持续大力宣传交通安全文明的重要性，并将每年 12 月 2 日设为“全国交通安全日”。

面对上述严峻的现状，还需要从源头“驾驶学习”出发，使驾驶人在驾校学习中系统地掌握道交法的相关要求及驾驶技能，从应试学习转变为素质学习。但目前驾培行业存在规模小、实力弱、布局分散、缺乏科学管理体系、思维僵化、不规范的现状，这也导致很难从驾校端入手，实现素质化教育的目标。

因此，解决上述问题就需要通过数字化的工具来对驾培行业进行赋能升级，从根本上转变驾校的观念，进而共同推进“驾驶学习素质化教育”，实现和谐交通体系的建设。

二、方案目标

1. 通过智能化的教学手段提升驾驶人道路交通安全文明意识，利用驾驶人全生命周期数据为“政、用、产、学、研”提供数据支撑，从而减少交通事故的发生，实现和谐交通的目标。

2. 通过数字化的工具引领驾培行业智能化升级，改变行业“小、散、乱”的现状。

3. 实现教学标准化、流程化、规范化、智能化，提升教学质量。

4. 让学员掌握驾驶技能，让所学到的知识不再成为“考后被遗忘”的内容，伴随整个驾驶生涯。

三、沉浸式智能驾驶培训解决方案

（一）方案介绍

千种沉浸式智能驾培行业解决方案能够满足全科目的教学目标，能在最大程度上实现教学科目的数字化与智能化。通过 VR 技术，把抽象、枯燥的知识点转变成具体、全方位、沉浸式的场景体验式学习，让驾驶人体验多种真车操作时无法遇到的路况，模拟危险事故场景，让驾驶人进行危险感知训练；通过 VR 追踪技术、数据采集及行为分析系统，对驾驶人的驾驶习惯进行动态的追踪分析，实现驾驶人的个性化学习，从而做到减少我国交通事故的发生，降低交通事故伤害，推进交通强国建设的进程。

该方案具备完善的教学体系：从科目一到科目四丰富的场景设计、精心的课程内容、合理化的课程安排、直观的学习效果评价等，以及智能化的人机交互和便捷的操作系统，让驾校快速地开展教学的同时让教学变得更加有特色，更加有针对性。

（二）科目一理论 & 科目三安全文明驾驶常识培训解决方案

千种交通安全 4D VR 座椅由 4D 动感座椅和 VR 一体机组成。VR 4D 座椅的沉浸式教学模式让学员在体验高速公路、直线并线等路况时学会应对处理，互动式的体验也加深了学员的印象，让所学到的知识真正植入到学员的脑海中。

1. 应用范围：

- 科目一理论法规及科目三安全文明驾驶常识培训
- VR 安全教育宣传片

- 驾驶人满分教育
- 教练员培训等场景

2. 特点

- 安全：沉浸式体验场景学习，安全地体验生活中无法还原的场景
- 创新：创新的教学方式及学习方式，驾校创新抓手，学员全新感受
- 高效：沉浸式学习环境中专注力大幅度提升，让学员更加高效掌握知识
- 丰富：丰富的场景课件，各种道路条件如城市街道、高速公路等
- 真实：逼真的视觉体验、强烈的沉浸感，让学员感受更真实

3. 部分课件展示

上下坡会车

高速公路突遇动物或路障应对措施

高速公路违法变道

实线强行并道的危害

十字交叉路口左转与直行的应对措施

通过人行横道的应对措施

前方无掉头交通信号指示的路口掉头

关于路权事故体验

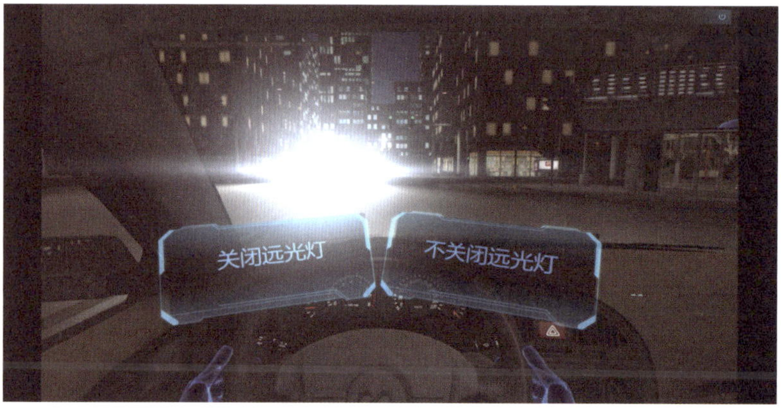

夜间正确使用远光灯

大车内轮差

倒车时的后视镜盲区

（三）科目二与科目三实际道路学习及防御性驾驶解决方案

1. VR 智能驾驶培训系统简介

VR 智能驾驶培训系统是我国自主创新研发的首套数字场景化的驾驶培训系统，以“培养驾驶人安全文明意识，强化驾驶人技能”为核心驱动，通过虚拟现实、数字孪生技术把实际道路场景进行高精度 3D 建模，运用自动驾驶虚拟仿真技术实现驾驶座舱模拟车辆运行状态。VR 智能培训内容依据最新法律法规，结合驾校实际教学重点，定制开发软件内容，应用 VR 情景化交互方式，进行驾驶培训内容模拟。并设计多种实车操作时难以遇到和发生的路况或情景，令驾驶员真正了解和掌握在不同情况下的应对方法和操作技能。

搭载该系统的 VR 智能驾驶模拟器为千种幻影自主研发，采用国际领先的专业级体感平台技术，实现行车过程中制动、加速、碰撞侧倾、颠簸、上坡、下坡等。同时，整体设计符合人体工程学，驾驶体验真实舒适。座椅、安全带、脚踏操作模块及方向盘均采用真车配件，高度还原真车驾驶操作感。

千种幻影作为起草单位，参与制订交通运输部新一代驾驶模拟器的行业标准《汽车驾驶培训模拟器》（JT/T378—2021），从而推动了驾驶培训行业的数字化转型进程。该系统已荣获 2020 年世界 VR 产业大会 VR/AR 创新奖、2020 年中国设计红星奖、2019 年世界 VR 产业大会行业优秀奖、全国科技周北京科技主场最受公众喜爱奖等诸多荣誉，并获得央视多套热力报道。

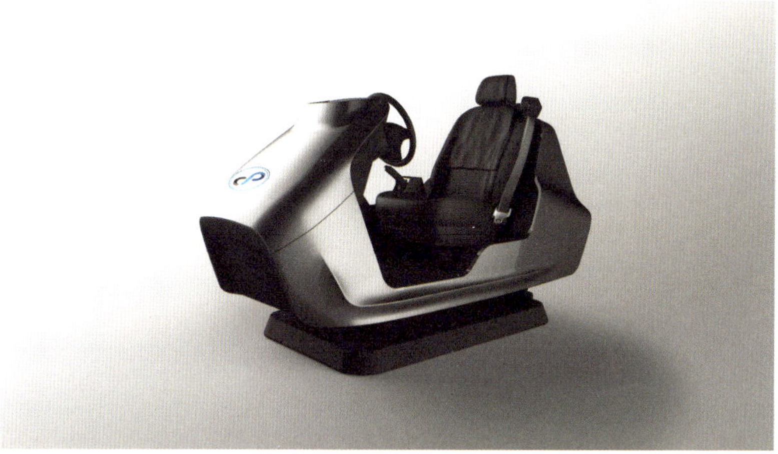

全新一代智能驾驶培训模拟器 Driving Master2.0

教练车渲染图

2. 部分教学内容展示

科目二训练场模拟

科目三校外路况模拟

雨天驾驶路况模拟

高速公路路况模拟

隧道路况模拟

道路拥堵路口的应对措施

3. 特点

- 智能化：智能化的交互，便捷的 UI 设计
- 专业化：严谨的课程以及多样化的路况，切实提升学员驾驶能力
- 定制化：定制化场景开发，根据驾校场景及车辆 1∶1 还原
- 数据化：多维度数据分析，便于个性化教学
- 规模化：打破时间空间束缚，助力驾校扩大市场
- 个性化：人工智能、自主学习符合 Z 时代个性化需求
- 低碳化：节能绿色环保，大大降低实车带来的碳排放

4. 智能化教学优势明显

- 节省驾校运营成本

一名教练员可以同时指导六名学员，有效减少教练员的人员配比，并且还可降低场地及练习道路、车辆使用及油耗的成本。

- 技能掌握更扎实，考试通过率更高更稳定。

智能化教学可统一教学标准化与规范化，借助先进的科技手段，全面地、多层次地满足驾驶学员的学习需求。与传统教学相比，科目二考试通过率提高 10%。

- 学习效率更高

智能化教学能够帮助学员强化记忆力，增强学习效率。学习专注度是传统学习环境的 6 倍，透明车身功能能够帮助学员更好地理解各类操作。因训练过程中不会出现排队等候现象，实现了薄弱环节多次练习，从而大大提升学习效率。

- 提升驾驶人防御性驾驶能力

VR 智能驾驶培训系统除了可以满足学员科目二、科目三的练习之外，还可以实现雨雪雾等复杂天气和复杂路况的训练，提升驾驶人驾驶能力，减少交通事故的发生。

- 突破各类限制，舒适环境内学车

智能化教学可以克服时间、空间和环境的影响，全天候进行学习，同时驾校也可以将 VR 智能驾驶培训系统部署在社区、写字楼等场所内，学员可以利用碎片化的时间进行学车，不用考虑风吹日晒舒适环境学车。

- 自主学习，掌握学习进度

通过观看教学视频、语音切换学习科目场景，学员根据自身学习情况调整学习进度。

- 节能减排，绿色环保

智能化教学与传统教学相比基本可以实现零排放和零消耗，安全可靠。每辆教练车全年产生二氧化碳总量预计约为 8 吨（按照每辆教练车全年培训 100 名学员），采用 VR 智能驾驶培训系统可以实现最多降低 50% 的碳排放。

- 精确的数据分析

实时采集学员练习数据并进行汇总分析，让学员的练习更有针对性，并为后续研究提供数据支撑。

第二节　驾驶智能辅助教学系统

第一部分　AI+ 新能源 智慧驾培新格局

2019 年 9 月，中共中央、国务院发布的《交通强国建设纲要》，提出要大力发展智慧交通，推动大数据、互联网、人工智能、区块链、超级计算等新技术与交通行业深度融合，推进数据资源赋能交通发展，加速交通基础设施网、运输服务网、能源网与信息网络融合发展，构建泛在先进的交通信息基础设施，构建综合交通大数据中心体系，深化交通公共服务和电子政务发展，推进北斗卫星导航系统应用。提出到 2035 年，基本建成交通强国；到本世纪中叶，全面建成人民满意、保障有力、世界前列的交通强国。

（一）国家重视推动人工智能健康发展，是重大国家战略

2017 年 7 月，国务院发布《新一代人工智能发展规划》，人工智能首次加入国家战略规划，明确提出“三步走”战略目标。2017 年 12 月，工业和信息化部发布《促进新一代人工智能产业发展三年行动计划 (2018—2020 年)》。

2018 年，习近平总书记在中共中央政治局集体研究中强调，要充分发挥人工智能的“头雁”效应，“加强对人工智能相关法律、伦理和社会问题的研究”。2019 年 3 月，人工智能连续三年写入政府工作报告，并提出拓展“智能 +”。人工智能作为新一轮技术革命和产业转型的重要推动力，已上升为国家战略。

发展人工智能是党中央、国务院准确把握新一轮科技革命和产业变革发展大势，构筑我国人工智能发展的先发优势，加快建设创新型国家和世界科技强国，做出的重大战略决策部署。

（二）壮大清洁能源产业是新旧动能转化重大战略的迫切需要

2017 年，党的十九大报告指出，壮大节能环保产业。同年，国家发改委发布《“互联网 +”绿色生态三年行动实施方案》的通知，提出大力发展“智慧环保”的要求，

明确了具体的执行单位及时间表。

2018 年，习近平总书记在全国生态环保大会上指出，培育壮大节能环保产业、清洁生产产业、清洁能源产业，推进资源全面节约和循环利用。这些重要论述为我国环保产业发展指明了方向，也标志着环保、绿色出行提上了国家日程。

在我国汽车消费需求日益旺盛的前提下，驾培市场规模日益扩大。截至目前，我国共有驾校 1.9 万所，79.8 万辆教练车，驾校在运营过程中也是高耗能行业之一，需要消耗大量的燃油、电力等能源。为响应国家政策，易显科技以机器人教练为支点，利用人工智能、互联网、5G、区块链等最新最前沿的技术打造出一套智慧驾培整体解决方案，保证驾培行业的良性循环。

2020 年 9 月份，智能机器人教练车发布 5.0 版本，集人工智能、深度学习、智能驾驶、双目视觉、智能感知算法等复杂技术于一体，机器人教练在做到精准、高效教学的同时，已经可以实现基于驾校智慧园区内的智能路径规划和车辆调度，帮助园区实现智慧化管理，减少驾校车辆训练过程中燃油消耗、电力消耗等，从而减少碳排量，实现节能减排和减少有害物质排放。

第二部分　智能机器人教练与智慧驾培

能达到团体标准且得到市场认可的智能机器人教练，在为驾校降低更大成本同时，还能为学员提供更好的学车体验，同时有利于监管部门更好地管控整个驾培市场，保障学员利益，保证每一位驾驶人都能真正熟练掌握驾驶技能。

以下内容我们分别从机器监管、智能培训、智能服务三个部分的来详细阐述当前智能机器人教练如何赋能智慧驾培。

一、机器监管

（一）区块链技术

按照驾驶技能培训相关规定，驾驶员培训必须打卡，学车人将自己的 IC 卡插入驾培管理记录仪，并按下指纹，才可以进行学习，才能算作有效学时。而只有学满相应的学时、通过所有科目考试后，才能拿到驾照。但有些驾校违规使用多种作弊器材，为学车人在驾驶技能培训过程中造假刷学时。

数据传输过程中面临保密性和真实性两个基本问题，区块链技术以其公私钥非对称加密和数字签名技术保证保密性与真实性。应用区块链技术保证驾驶培训学时不被篡改、伪造，保障课时的有效性。通过时间、空间、学车人驾驶行为数据进行多维度的分析界定，区块链技术可以解决学时真实性问题。

（二）大数据分析

近些年，由于驾校培训行业准入条件相对较低，驾校“小、散、乱”，“不正规，不规范的驾校”强劲的生存能力以及“上有政策下有对策”的传统问题，监管部门无法找出合理的可行性管理制度，也缺乏驾驶行为数据采集，缺乏精准的监管。

监管部门应该是一个舆情分析部门，重点关注异常培训情况、资源配置合理性、保证优胜劣汰。通过智慧驾培模式，合理地落实监管部门的有关新政策，有利于监管部门规范驾校行业的管理。

（三）合理分配资源－数字孪生

数字孪生指在信息化平台内模拟物理实体、流程或者系统，类似实体系统在信息化平台中的镜像。国际数据公司（IDC）表示，现今有 40% 的大型制造商都会应用这种虚拟仿真技术为生产过程建模，数字孪生已成为制造企业迈向工业 4.0 的解决方案。

通过数字孪生技术，可以实时掌握各个驾培机构的培训数据，为淘汰劣质驾校提供有力的数据支撑。

1．对每一块训练场、考场进行数字化；

2．让服务全息数字化；

3．合理规划、配置资源：为淘汰机制做数据准备。

（四）改革／创新

通过智慧驾培，可以掌握学车人的驾驶行为数据，为驾驶培训行业下一步的改革升级提供数据支撑。

二、智能培训

（一）场内智能机器人教练无人培训

智能机器人教练是在六个完美教练标准基础上依靠科技手段打造的“完美教练”。机器人教练车上安装、部署了五个核心系统——智能神经感知系统、虚拟现实、智能交互系统、智能决策分析系统以及标准教学课程系统。通过这五个系统实现了对人工金牌教练的完美超越。

传统教练员摇身一变成为人机交互师，智能机器人教练之于人机交互师就像“猴毛”之于孙悟空，演变出无数个自己为自己服务的智慧个体。智能机器人教练车的优点是降本增效、提升体验、提升服务和驾培转型升级之利器。

2019 年 9 月 20 日易显智能科技有限责任公司与中关村军民融合信息装备产业促进会联合发布了《机动车驾驶实车智能培训系统》为智能培训落地提供了参考标准。

（二）大数据监管学车人培训

近十几年来，随着学车人的逐年增多，实际道路培训事故频发，但是实际道路培训对于学车人来说又是一个关键的节点，那么如何让学车人在安全的前提下掌握实际道路驾驶技能、突发紧急情况处理技能、不同路段的驾驶技巧等技能呢?

智能机器人教练车上安装传感器获取学车人驾驶行为数据（例如：坐姿、是否观察到位、转向灯是否打开、是否低头看挡等）、教练员状态（例如：教练员是否在培训过程中睡觉、精力不集中、不系安全带、训斥学车人、骚扰学车人等）、车辆状态数据（例如：车速、油门深度、方向盘角度等）、道路环境（道路拥堵情况、周围车辆、是否有障碍物和行人等）进行分析，为学车人安全培训保驾护航，为学车人更快掌握驾驶技能提供数据支撑，同时可以对学车人驾驶行为进行大数据分析帮助学车人纠正不良的驾驶习惯。

通过智慧驾培模式，可以不断强化学车人安全意识培养，培养学车人安全文明驾车习惯。

三、智能服务

（一）学车人约车约考实时在线管理

学车人端，学车人可自行根据自己时间预约教练，且可根据教练的授课过程，对教练进行评价，督促教练提高服务质量；学车人也可以根据自己时间进行预约考试，获得学车报告，了解自己的驾驶风格。

教练端，教练可以随时查看学车人预约情况，对预约考试进行查询。也可以在学车社区进行解答学车人问题，为学车人提供及时满意的服务。

（二）驾校培训、招生数据可视化

当前国内驾校面临着人工成本高涨、场地租金高；获客成本高，驾校之间恶意竞争；教学模式陈旧，内部缺乏科学管理体系；教练员素质良莠不齐，教学水平参差；重驾考轻服务，不讲教学质量等痛点。

通过智慧驾培驾考模式，驾校可以随时关注运营情况：比如招生、出证—吞吐是否合理；及格率、周期——培训是否正常；营业收入——经营情况；管理是否有暗点——管理情况……

智能机器人教练加持下的智慧驾培，让管理部门可以轻松地发现问题，进而做到科学的监管；让驾校可以精益化地进行经营管理，进而达到降本增效的效果；让学车人有更好的体验感和获得感，进而养成安全文明行车的习惯。

第三部分　智能教练车的行业实践

2020 年 4 月 1 日，习近平总书记在浙江考察时强调，要“加快 5G 网络、数据中心等新型基础设施建设，抓紧布局数字经济、生命健康、新材料等战略性新兴产业、未来产业，大力推进科技创新，着力壮大新增长点、形成发展新动能。”习近平总书记在陕西考察时又一次强调，要“推进 5G、物联网、人工智能、工业互联网等新型基建投资，加大交通、水利、能源等领域投资力度”。在“新冠肺炎”疫情冲击背景下，党中央和习近平总书记多次强调新型基础设施这一投资方向。

机器人教练作为结合新基建、人工智能、5G、大数据等技术应用的全新智能驾培场景项目，旨在促进机动车驾驶培训向数智化、素质化、自动化方向发展，充分发挥人工智能对驾培产业转型升级的积极作用。

一、AI 智能培训设备开启驾培数智化转型新征程

用户群体年轻化、低碳经济的逐渐普及，自动驾驶应用范围由广及深。一系列的颠覆性变革，要求驾培机构要不断适应新形势、新变化，借助信息化、智能化等方式助力驾培行业在教学模式、服务品质、经营成效上不断推陈出新。

为解决传统驾培机构整个行业服务水平不一、监管难、培训实际效果差等各种问题，智能机器人教练给出了“驾培行业的数智化转型”这一答案。智能机器人教练借助数字化、数据化、智能化技术的综合赋能，拓展施训者与受训者的感知、交互、认知、自省能力，在驾驶人通过第一道屏障的过程中，持续在“身”“心”两个层面，潜移默化地输入安全文明意识与规范驾驶的肌肉记忆。

智能机器人教练在智能驾驶培训园区内实现智能车联网管控数据中心与智能车的有机联合，是搭载先进的车载传感器、控制器、执行器等装置，并融合现代通信与网络技术，实现车与人、车、路、后台等智能信息交换共享的移动智能终端系统，推进了机器人技术在智能驾培行业技术规范与标准的实践与向前发展，是推动行业向数字化、数据化、智能化转型的重要抓手。

传统驾培企业正在奋力与时代互动，如果说数智化转型是过程，那么实现驾培机构的经营升级和效能提升将是数智化转型的终极目的。对于驾校来说，机器人教练不仅是一款智能化的产品，更是帮助驾校实现经营升级的“武器”。据研究统计数据表明，从经营成本上看，机器人教练可降低人工成本 75.96%，同时大幅降低驾校维修成本、员工福利成本及管理成本等开支。此外，机器人教练可快速提升驾校品牌口碑及学员满意度，机器人教练对比传统教练考试通过率平均提升 10.88%，教学质量平均提升 15%，驾校招生报名人数平均提升 32%，口碑扩散效应提升 10 倍以上，通过价值获得感、满意度的全面提升，提升驾校招生效率，构建驾校品牌形象及竞争力。

二、AI智能培训设备开启人工智能学车新时代

机器人教练通过智能神经感知系统、虚拟现实交互系统和标准教学课程系统、智能安全防护系统，实时感知车辆、学员和场地的状态信息，对学员驾驶行为进行实时智能化分析、评判、诊断与反馈；基于三维智能化场景匹配与视觉引导、智能语音交互技术传递驾驶技能，并通过差异化场景特征智能匹配教学方法，根据学员训练状态与场景主动推送适配的教学内容，同时，学员可通过便捷触发主动获取所需教学内容。

人工智能的学车时代已经到来，机器人教练正在逐渐成为未来学员学车的主流方式，区别于传统教练教学方法，机器人教练实行单人单车、智能无人教学培训模式。调研数据表明，90%的年轻学员愿意跟机器人教练学车，练车效率高、时间配置灵活机动、考试通过率高，更为重要的是跟机器人教练学车心态更放松，遍布全身的黑科技也给枯燥的学车过程带来更多趣味。此外，机器人教练采用360度立体安全保障机制，智能呵护人车平安。同时，在学车过程中贯穿培养学员的安全驾驶行为习惯和安全意识，在帮助学员快速获得驾驶证的同时，助力学员真正掌握驾驶技能，成为合格的驾驶员。

同时，机器人教练可提供智能教学过程中的远程辅导，完整、真实、准确记录教学与训练过程，学员练习结束可通过手机APP进行日志查看与回放。机器人教练5.0版本可实现基于场地的自动驾驶接送学员及自动驾驶示范教学服务，手机一键操作，学员即可等待车辆自动接送，上车即可通过自动驾驶示范教学服务精准获取驾驶技巧，练习结束后，车辆可自动泊车归位。

三、AI智能培训设备开启驾培品质服务新体验

驾培是一个浓缩的社会生态，汇集了众多出行场景，一直以来，驾培行业都存在这3大挑战：

其一，教练员吃拿卡要，态度差，甚至出现侵犯女学员等影响恶劣的事件；

其二，极大的安全隐患，练车过程中偶发的伤亡事故严重威胁着广大学员的生命安全，以及车辆之间的碰撞损失。

其三，学了车，拿了证，但不会开车，上路即为“马路杀手”。

为响应国家提升数字化、网络化、智能化发展战略，从2016年开始，以易显智能科技有限责任公司为代表的智能驾培科技企业推出第一代AI机器人教练，2020年迭代升级至5.0版本。针对近年来的行业困局及疫情影响，驾校应以体系的思维击破单点思维，拥抱驾培链接时代的到来，链接时代全新的驾培模式以机器人教练为商业增长枢纽，从驾校管理、招生转化、数据赋能、智能学车、金融资产赋能、运营辅导等角度全面赋能驾培向智能化、数据化新业态转变。同时，智能机器人教练，在三大方面为驾培行业提供发展助力：

第一，智能机器人教练对提升驾校服务、提升驾校品质功不可没。虽然驾校已经从卖方市场转到买方市场，但是大多数学员在学车过程中并没有得到良好的服务体验，甚至处于被动的境地。在学车过程中遇到吃拿卡要，在做错的情况下教练员态度恶劣，而驾校为规范教练员行为的规章制度和投诉机制却形同虚设，这些现象不仅降低学员的学车体验，也形成了驾校的负面口碑。针对性解决行业普遍的问题，智能机器人教练应运而生，智能机器人教练实行“一人一车”的学车模式，学员在练车全过程由机器人教练进行指导，学员一旦做错了，机器人教练不会埋怨，反而会悉心告诉学员哪里出错，并给出改正方式。此外，智能机器人教练还会通过智能语音系统，根据学员的性格和年龄属性，与学员轻松互动，轻松有趣的学车氛围无形之中提高了学员的学车效率，驾校的服务品质和口碑也得到提升。

第二，安全因素是学员选择驾校的重点关注因素之一，也是智能机器人教练产品的主要优势之一。智能机器人教练车周身安装20多个雷达，对车身周围环境可以做到360度无死角监测，在练习行车过程中，周身雷达能实时捕捉学员的动作和周围环境影响因素，并以每秒10HZ的频次将数据实时传至大数据决策分析系统，一旦遇到障碍物、前溜、后溜、油门当刹车等危险情况，智能机器人教练都能完全制动，保证学员学车过程的安全。

第三，在产品设计上，智能机器人教练凝聚全国数千名优秀教练员教学方法与经验，致力于打造真正懂得素质教学，真正能教会学员开车而非仅仅考取驾照的智能教练。在培训方案设计上，智能机器人教练注重对学员安全驾驶习惯的培养，例如：行车中要观察后视镜、上车要系安全带、双手不可以交叉打方向盘、培养双手开车门习惯、障碍物的提示与避障、拉手刹安全提醒与转向灯提示等，在行为细节中贯穿安全文明驾驶意识，解决了人工教学质量参差不齐，教学方法不规范、不统一的弊病，实现了驾考教学智能化、规范化、系统化及应用化，帮助学员在顺利考取驾驶证的同时，助力他们安全开启驾驶生涯，并成为守护道路交通安全的“纽带”。

智能机器人教练基于不同驾培机构差异化规模、管理模式、经营现状，已经推出了众多AI智能解决方案，在新疆、内蒙古、四川、云南、宁夏、贵州、陕西、湖南、湖北、山西、河南、河北、广东、江西、山东、北京、浙江、江苏、辽宁、上海、黑龙江、海南、安徽等省、自治区、直辖市均获得广泛推广应用，并在实践中创造诸多行业价值。

四、智慧驾校转型升级案例

（一）北京东方时尚驾校——全国最大智能驾驶培训“智慧园区”

1. 场景概况

东方时尚驾驶学校股份有限公司成立于2005年，总部位于北京市大兴区，现有员工4000余人，北京总部占地面积3000余亩，各种训练车辆3000余辆。2016年2月在上海证券交易所主板成功上市（股票简称：东方时尚，A股代码：603377）。成立至今，东方时尚已为社会培养了230余万驾驶员，拥有全车型培训能力。

东方时尚以科技赋能，积极推进VR、AI等技术在驾培行业的应用，开展新能源智能训练车及全智能化驾驶培训的研究和产业化探索，打造素质教育、高效便捷、节能环保的新一代智慧驾培模式，启动了全球首个5G+VR模拟器与智能教练车组合教学、全天候24小时运行的全智能化驾驶培训基地，助力交通强国建设。

2. 解决方案

“智教自练园”位于北京东方时尚东区训练场，占地面积200多亩，运行机器人教练车260辆，是易显科技为东方时尚打造的集AI、VR、大数据、车联网等技术于一体的革新性项目。

学员预约好课时进入“智教自练园”后可以随意选择一辆就近的机器人教练车，扫码解锁开始练车，机器人教练系统会根据学员历史练车数据、场地科目占用情况指导学员进入相应的项目练习，并开始记录学员的课时、练车情况、轨迹等，下课自动签退，提醒学员把车开到指定位置，课时、练车数据、轨迹等信息上传至东方时尚学员管理系统；学员可通过学员管理系统查看自己的练车数据、轨迹、培训视频等信息。

“智教自练园”旨在为学驾者提供一整套科学、安全、快乐、全新的学车体验；让驾培行业的变革跟得上时代与技术的变迁。

目前，北京东方时尚“智慧园区”内共运行600余辆机器人教练车。自2019年“智教自练园”开园以来，机器人教练已经累计培训学员20万人，人工成本减少约1.2亿元。科目二考试首次合格率由70%上升至87%，车辆稼动率提升30%，累计节约燃油183.75万升，减碳4961.25万吨。

2020年2月，北京东方时尚疫情期间凭借“智教自练园”在全国范围内率先复工。2021年4月9日，搭载机器人教练5.0系统的新能源智能教练车在北京东方时尚驾校正式启用，全国规模最大的新能源智慧驾驶培训园区全面实现转型升级。

（二）河北利安驾校——石家庄地区品牌标杆

1. 场景概况

河北利安集团始建于1998年。是一家致力于驾驶人习惯培养，创新驾校管理模式和应用平台，以开发驾驶技能传递力为使命的大型驾驶人训考集团。目前集团拥有河北利安驾校、石家庄百纳利安驾校、邢台宁晋华燕驾校、隆尧安隆驾校4所行业正规驾校及1家科目三考试场。集团年培训量5万余人，位居石家庄地区第一。

2. 解决方案

2016年，作为首家机器人教练示范学校，利安驾校引入机器人教练，并开始在智能驾培领域的尝试和探索。

据统计数据显示，利安驾校井陉校区科目二50辆教练车，原先至少需要50名人工教练员，使用机器人教练车后节省人工教练40余人，年节约人工成本约400万。

机器人教练车使用效率由原来的每日10个学时提升至每日15个学时。单一教练平均月带出科目二合格率人数达 167 人，金牌教练平均月度带出合格率人数达 294，驾校科目二整体合格率较原来提升约 20%。在疫情影响下，利安驾校 2020 年第二季度招生量同比提升 60%。

（三）济南联众舜通——持续引进机器人教练 10 批次

1. 场景概况

济南联众舜通驾驶员培训有限公司是经济南市交通运输局许可，济南市工商局注册，具备独立企业法人资格的一级资质汽车驾驶员培训有限公司。公司拥有教练车 150 辆，年培训人数约上万人。

2018 年，联众舜通在驾校管理上遇到诸多困难。其中，最难也是最不可控的就是人的问题，当时驾校招聘的工作人员素质参差不齐，极难管理，甚至后期还出现了教练员“绑架”驾校的情况。因为新学员招生和老学员培训的主动权都掌握在教练手里，正所谓“县官不如现管”，他们都是自己想怎么做就怎么做，完全不受驾校约束，更谈不上管理和服务。

2. 解决方案

联众舜通驾校校长张峰在做市场调研的时候了解到，在机器人教练用的好的驾校，1 名人机交互师可以同时负责 10 辆机器人教练车，联众舜通使用机器人教练时间还不是很长，目前 1 名人机交互师可以同时负责 8 辆机器人教练车。由此，驾校的人工教练数量也大幅缩减，驾校对教练员的依赖度随之降低。同时，1 名教练员同时负责的学员数量增多，学员考试通过率提高，教练员薪资收入随之增长，驾校服务提升，教练员服务改善，学员满意度上升，招生数量和学员转介绍数量大幅提升。引进机器人教练后，联众舜通驾校月平均招生数量由 500 多上升到 1000 人。驾校业绩、口碑的提升，造就了这所驾校跃升至济南市前三名。2020 年至今，联众舜通驾校持续引进 10 批次机器人教练。

（四）宜章鸿鑫驾校——涅槃重生，实现品牌重塑

1. 场景概况

宜章鸿鑫驾校，是 2004 年 11 月 12 日经交通部门审批成立的一所综合性二级培训学校。学校占地 218 亩，共投资 8000 万元。校内按新国标 GB/T30340—2013、

GB/T30341—2013，设置了小型汽车、大型货车、大型客车、牵引车驾考训练项目，训练道路 9.5 公里。是湖南省规模较大、校内训练道路最长、设施最全、场地设计最实用、最先实行网上全程预约培训和先培后付培训的驾校。

2015 年前后，驾校市场发生了翻天覆地的变化，宜章县，一个总人口只有 60 万的小县城，大大小小的驾校猛然增至 7 家，鸿鑫驾校不得已向市场妥协，采取“挂靠经营模式”。“挂靠经营”恰如一剂“春药”，好景不长，还未来得及为短暂的成绩欢呼雀跃时，问题随之凸显。学员增加经营利润却没有增加，缺乏有效监管的市场乱象严重损坏行业声誉，挂靠教练极大拓宽了驾校的风险敞口。

2. 解决方案

当校长王飞奔波于全国各地优秀驾校为鸿鑫寻找“解药”时，他意识到只有紧随科技的发展，采用先进的管理和经营模式驾校才有希望“涅槃重生”。基于此，鸿鑫驾校在王飞校长的带领下毅然决定进行全面改革，并逐步消除挂靠经营模式转为直营，同时引进机器人教练开启智能教学培训模式。

通过近一年的实践对比，结果表明驾校直营模式更有利于驾校整体的教学环境、学员口碑、品牌影响力以及整体利润的有效提升。在鸿鑫驾校智能培训基地内，场内 20 台机器人教练车，只需要 4 名人机交互师即可保证驾校满负荷运营。一方面缓解了用工压力，节约了用工成本；另一方面让学员有了更好的练车体验，学校也有了更好的口碑；再者机器人教练智能教学保证了学员安全，并且通过大数据管理，可以为学员提供更具个性化的教学方案。锐意改革，与时进取的鸿鑫驾校，经历改革的“洗礼”和科技的加持，已经成为当地的标杆企业。至今，鸿鑫驾校已经持续续订三批次机器人教练。

第四部分　智能教练车的产业标准的思考及建议

为进一步落实《交通强国建设纲要》，推动互联网、人工智能等新技术与交通行业深度融合，推进驾培行业技术升级，鼓励驾培行业进行技术创新，在确保安全培训的基础上，鼓励驾培机构应用智能机器人教练，提高行业科技应用水平，打造规范化、品牌化、特色化的驾培行业，提升培训质量和学员满意度。

据对驾校走访调研的结果显示，并参考团体标准《机动车驾驶实车智能培训系统（T/ZGCJM 001—2019）》），智能机器人教练在大范围投入市场前应具备以下标准：

1. 功能要求

1.1 智能化教学功能体系

实车智能培训系统的智能化教学功能体系应至少包括以下功能：

a）智能教学功能；

b）安全驾驶行为习惯导入功能；

c）教学安全保障功能；

d）学员求助功能；

e）教学过程记录功能；

f）设备自检与故障诊断功能。

1.2 智能教学功能

智能教学功能应综合运用人工智能、大数据、智能传感、增强现实等先进技术来进行驾驶教学。具体要求如下：

a）教学内容应涵盖《机动车驾驶培训教学与考试大纲》、GA 1026 以及 JT/T 915 规定的内容；

b）实时感知车辆、学员和场地的状态信息；

c）对学员驾驶行为进行实时智能化分析、评价、诊断与反馈；

d）实现基于三维智能化场景匹配与视觉引导、智能语音交互技术的驾驶技能传递；

e）提供基于场景智能匹配的教学方法，能根据学员训练状态与场景主动推送适配的教学内容，同时，学员能通过便捷触发主动获取所需的教学内容；

f）提供对智能教学过程的远程智能监控。

1.3 安全驾驶行为习惯导入功能

安全驾驶行为习惯导入功能应能结合训练过程，对安全驾驶行为习惯进行植入与养成。应导入的行为习惯至少包括：

a）安全带佩戴习惯；

b）视野盲区观察习惯；

c）后视镜观察习惯；

d）开关车门主动观察习惯；

e）车辆安全启动习惯。

1.4　教学安全保障功能

教学安全保障功能应具备对危险情况的识别、预判与防控能力。具体要求如下：

a）应能自动识别并预判下列危险情况：

1）教练车车头正前方左右两侧各 90°、车尾正后方左右两侧各 90°且距离不大于 4 m 的障碍物，以及车头正前方距离不大于 25 m 的障碍物；

2）车辆在坡道上发生溜车；

3）学员误将油门当成刹车导致的车辆异常加速；

4）车辆行进过程中车门打开；

5）车辆行进过程中安全带解开；

6）超过驾校训练场地能够保证安全的限定车速阈值；

7）当车辆方向盘急速打向危险障碍物方向；

8）车辆驶出规定的训练区域。

b）应能针对危险情况采取自动安全控制措施；

c）应能实现远程对话提醒、制动和锁定车辆等安全措施。

1.5　学员求助功能

学员求助功能应能实现学员和人机交互师、远程监管人员的双向沟通。具体要求如下：

a）学员能主动呼叫人机交互师和远程监管人员，并进行语音和／或视频交互；

b）远程监管人员主动呼叫学员并进行视频、语音交互。

1.6　教学过程记录功能

教学过程记录功能应能对教学、训练过程及学时进行全面记录与存档。具体要求如下：

a）完整、真实、准确地记录教学、训练过程及学时；

b）能对教学日志及培训记录进行查询与统计。

1.7　设备自检与故障诊断功能

1.7.1　设备自检与故障诊断功能应能实现设备开机自检与正常运行过程中的实时自检，且能将自检结果上传人机交互终端显示同时语音播报。具体要求如下：

a）开机自检；

b）教学过程中的实时自检；

c）自检结果上传显示；

d）设备故障语音播报。

1.7.2　自检项目应包含但不限于下列项目：

a）车外行人与障碍物测距设备；

b）车辆信号采集设备；

c）行车制动器控制设备；

d）GPS 车载定位设备。

2. 设备生产厂商标准

（1）实车智能机器人服务单位提供的智能机器人培训服务产品应当符合国家相关法律法规、标准规范和政策要求，确保产品安全有效。

（2）实车智能机器人服务单位为驾培机构提供实车智能机器人培训产品前，应与驾培机构依法签订服务合同。

（3）实车智能机器人服务单位应具备可持续开发能力，根据国家相关法律法规标准和政策要求，结合驾培机构教学特色，组织制定个性化的教学方案，并提供及时完善的售后服务保障。

第五部分　数智化驾培未来发展生态

近年来，驾培行业发生了翻天覆地的变化，这些变化连接着行业的过去和未来，是中国驾培行业转型升级的重要一环。我们当前所感受、体验到的变化是科技的力量所致，是驾培与科技融合后的产物，具象来说，就是由以人工智能和大数据为基础而诞生的智能机器人教练所带来的行业变革。

世界万物时刻在变，驾培行业也在不断发展变化。我们欣喜于当前的变化旨在终结驾培行业各种经营乱象，淘汰各种陋习，淘汰损害学员利益的一切行为，淘汰陈旧的经营模式和固化的心智模式，淘汰行业之恶。

另一方面，我们也明确感知到驾培行业正不断回归到守护交通安全的初心，重构新的经营模式和构建新的增长路径，甚至摆脱边缘行业身份，嵌入到更大的数字化智能化交通生态的全场景中，跨越驾培服务的边界，实现新的链接。

然而，就目前我国的驾培行业而言，无论是行业认知、人才储备、政策与标准环境都还比较薄弱，驾校和车辆的数智化覆盖率也都处于较低水平。

一如每个正在经历变革的行业，驾培行业及驾培机构也正在经历痛苦和漫长的蝶变过程，这期间需要克服各类噪声，做正确的选择，走正确的道路。驾培行业的数智化转型改革应该会经历如下三个阶段。

第一阶段：机器赋能，生存至上

面临优胜劣汰和市场筛选，当下许多驾培机构核心痛点还是如何存活。调查显示，截止到 2020 年 8 月，有超过半数的驾校处于亏损状态。活下去的核心，最快速的方式在于开源节流和降本增效。智能机器人教练，正是抓住助力驾校短期突围的核心，在经营上解决成本高企和服务体验。易显机器人教练 5.0 版本能够实现 1 VS 30 台车，降低人工成本 95% 以上，高时速下保证绝对安全，降低车辆维修成本，绝佳的性能和学驾体验实现自动品牌管理。机器赋能，提升驾培机构生存能力。

第二阶段：组织再造，重构运营

在第一阶段，智能机器人教练主要解决经营成本和服务体验两大核心，彻底打破惯性，破旧而后立新。一方面，实现流程优化，包括驾培服务流程和内部管理流程，重构运营。围绕机器人教练，形成数字平台，实现自动化流程驱动，对驾培机构来讲，从营销到招生获客，再到驾培流程和系统资源调配，从服务体验到品牌口碑塑造，从品牌口碑到市场传播和精准客户触达，打通端到端的流程。驾培机构将实现组织结构的再造，减少组织内部冗余和多余动作，重构整体运营体系。另一方面，组织再造增强韧性，韧性即组织在面临不确定因素下，面临重大事件冲击的恢复能力。组织再造，更重要的是增强驾培机构系统化能力，这是更加不可复制、不可模仿的能力。

第三阶段：破界链接，嵌入未来

机器赋能，解决生存，实现组织再造和重构运营助力驾培机构实现突围并不是目标的终点，而是智慧驾培的开端。智能机器人教练打通了驾培业通向未来的道路，提前把握尚未流行的未来。通过数字资产的积累，除了能够实现组织再造，为驾培业嵌入到更大智慧交通生态系统创造了条件，使得驾培业能够突破已有的业务边界，嵌入在智慧交通甚至是自动化驾驶的产业系统中，围绕自动驾驶提供服务。例如，由驾驶行为数据驱动，为驾驶安全提供相应的产品和服务，同时实现向C端渗透，未来，每一个个体都是潜力无限的消费场景，基于学驾行为数字挖掘，催生新的业务。

驾培行业的数智化转型是大势所趋，未来会逐步经由“智能化1.0+数字化1.0”的数智化初级阶段，最终进化成“智能化3.0+数据化2.0+数字化3.0”的数智化高级阶段。